# 패스트 무버

# FAST

# 패스트 무버

## AI 시대, 150% 성과를 만드는 사람들의 비밀

# MOVER

김재엽 지음

INFLUENTIAL
인 플 루 엔 셜

# 평범한 100%를 넘어,
# 압도적인 150%의 시대로

버튼 하나로 완성되는 영상 편집, AI가 작성하는 기획안, 실시간
으로 오류를 수정해 새롭게 생성되는 코드… 우리의 일하는 방
식이 완전히 바뀌고 있다. 불과 6개월 전만 해도 영상 편집자들
은 하나의 영상을 완성하기 위해 수십 번의 컷 편집과 색 보정 작
업을 해야 했다. 이제는 AI가 자동으로 핵심 장면을 선별하고, 분
위기에 맞는 효과를 입힌다. 기획자들은 더 이상 백지 상태에서
시작하지 않는다. AI가 제시하는 기초 아이디어를 바탕으로 자
신만의 통찰을 더해 기획안을 완성한다. 개발자들은 AI의 도움
으로 반복되는 코드 패턴 구현에서 벗어나 더 창의적인 문제해
결에 집중할 수 있게 되었다.

　이런 변화는 시작에 불과하다. 미드저니(Midjourney)는 텍스트

○

만으로 전문가급 이미지를 만들어내고, 코파일럿(Copilot)은 개발자의 의도를 파악해 최적의 코드를 제안하며, 클로드(Claude)는 논리적인 글쓰기를 도와준다. 비전문가도 AI의 도움을 받아 전문가 수준의 80%에 달하는 결과물을 만들어낼 수 있게 된 것이다. 전문 작가의 유려한 카피라이팅이나 디자이너의 세련된 비주얼 작업, 개발자의 복잡한 코딩 작업도 AI를 활용해 상당 수준 구현할 수 있게 되었다.

물론 이는 전문가의 완벽한 작업과는 차이가 있다. 하지만 기본적인 전문성의 진입 장벽은 크게 낮아졌다. 이런 상황에서 우리는 새로운 질문들을 마주하게 된다.

"정말 AI가 모든 것을 해결해줄 수 있을까?"
"전문가는 더 이상 존재 가치가 없는 것일까?"
"AI 시대에 나는 어떤 능력을 갖춰야 할까?"

이런 물음에 답하기 위해 AI를 자신의 업무에 적극적으로 활용하는 여러 분야의 전문가들을 만났다. 그들은 인공지능을 두려움의 대상이 아닌 기회로 바라보며, 빠르게 이해하고 적용해 놀라운 결과물을 만들어내고 있었다. 이러한 전문가를 한마디로 '패스트 무버(Fast Mover)'라 부를 수 있다. 그들은 AI를 자신의 전문성을 증폭시키는 도구로 활용해 100%를 넘어 150%의 압도적인 결과물을 만들어 세상에 없던 새로운 가치를 만드는 데 앞장서는 사람이다. 그들은 새로운 시대의 전문가상을 보여준다.

세계 최고의 기업들은 이미 이런 변화에 주목하고 있다. 구글은 'AI First'를 선언하면서도 동시에 '인간 중심 AI'를 강조한다. 애플의 CEO 팀 쿡(Tim Cook)은 "AI는 인간의 능력을 증폭시키는 도구일 뿐, 대체재가 아니다"라고 말한다. 마이크로소프트의 CEO 사티아 나델라(Satya Nadella) 역시 "AI 시대에 가장 중요한 것은 인간의 창의성과 판단력"이라고 단언한다.

이는 AI를 경계하라는 뜻이 아니다. 오히려 그 반대다. 이 시대의 '진정한 전문가(Authentic Professional)'라면 인공지능을 자신의 전문성을 증폭시키는 도구로 활용할 줄 알아야 한다. 자신만의 고유한 관점과 깊이 있는 통찰력으로 AI와 시너지를 만들어내는 전문가가 되어야 한다. 100%의 결과(훌륭하지만 어느 정도 예상 가능한)에 만족하던 시대는 지났다. 인공지능과의 협력을 통해 150%의 압도적인 결과(결과물이 나오기 전까지는 누구도 예측하지 못한)를 만들어내는 것, 그것이 AI 시대 본질적 전문가의 새로운 도전이다.

어떻게 이것이 가능할까? 관건은 단순한 '기술 습득'이 아닌 '기술 이해'다. AI가 어떻게 작동하는지, 어떤 가능성과 한계를 가졌는지 이해해야 한다. 그러한 이해를 바탕으로 마치 피아니스트가 건반을 자유자재로 다루며 음악을 창조하듯, 인공지능을 도구로 활용하면서도 그것을 넘어서는 창의성을 발휘할 수 있어야 한다. 이 책은 바로 이에 대한 답을 찾아가는 여정이다.

불확실한 미래에 새로운 기회를 발견하고 진정한 전문가로 성장하기 위해 필요한 패스트 무버의 조건은 무엇일까?

단순히 AI를 빨리 도입하는 사람이 아니다. 패스트 무버는 인공지능의 원리를 깊이 이해하고, 자신의 전문 분야에 맞춰 재해석하며, 남다른 통찰로 새로운 가능성을 발견한다. 특히 이들에게는 세 가지 핵심 역량이 있다. 첫째, 일의 본질을 생각하며 끊임없이 의문을 제기하는 '크리티컬 씽킹(Critical Thinking)', 둘째, 예측 불가한 상황에도 유연하게 대응하는 '엘라스틱 마인드(Elastic Mind)', 셋째, 실험과 경험을 통해 새로운 가능성을 발견하는 '익스페리멘탈 인사이트(Experimental Insight)'다. 이 세 가지 역량이 충족되었을 때 150%의 압도적인 결과물이 탄생한다.

이제 우리는 새로운 도전을 시작해야 한다. AI를 사용하는 것을 넘어, 인공지능과 함께 성장하는 법을 배워야 한다. 이 책을 그 여정의 안내서로 삼았으면 한다.

불확실한 미래에서 답을 찾는 일은 결코 쉽지 않다. 하지만 분명한 사실이 있다. 그 답은 AI 속에 있는 것이 아니라, 인공지능을 이해하고 활용하는 우리 안에 있다는 것이다.

# Contents

**I.**

**패스트 무버,
AI 시대의 새로운 전문가**

AI 시대의 전문가는 평범한 100%를 넘어 150%의 놀라운 결과물을 만들어낸다. AI가 데이터를 분석하고 기본적인 결과를 도출하는 동안, 패스트 무버들은 자신만의 통찰로 그것을 재해석하고 한 단계 더 발전시킨다. AI가 정형화된 답을 찾는 동안, 이들은 다양한 경험과 시행착오를 통해 아무도 생각하지 못한 새로운 가능성을 발견한다.

이 장에서는 AI 시대의 새로운 전문가인 패스트 무버의 특징을 살펴본다. 깊이 있는 전문성과 AI에 대한 이해, 그것을 자신만의 방식으로 재해석하는 통찰력 그리고 빠른 실행으로 결과물을 만드는 실행력까지, 이러한 패스트 무버의 역량들이 어떻게 AI와 시너지를 이루며 압도적인 결과물을 만들어내는지, 이것이 왜 AI 시대의 핵심 경쟁력이 되는지를 탐구한다.

AI와 인간의 전문성은 결코 대립되는 개념이 아니다. 오히려 이 둘의 생산적인 결합이야말로 우리가 나아가야 할 방향이다. 패스트 무버의 통찰이 AI의 가능성과 만나는 순간, 진정한 혁신이 시작된다.

# AI는
# 어떻게

# 인간의 창의성을
# 확장하는가

---

## AI와 인간의 창의적 만남

생성형 AI의 등장은 창작 활동의 근본적인 변화를 가져왔다. 텍스트, 이미지, 음성, 영상, 3D에 이르기까지 AI가 만들어내는 결과물은 이미 상당한 수준에 도달했다. 산업 전반에서 AI는 단순한 도구적 활용을 넘어 창작의 새로운 가능성을 확장하고, 전통적인 프로세스를 넘어선 독창적인 작업 방식을 제시하고 있다.

광고 디자인의 전통적인 프로세스는 아트디렉터, 포토그래퍼, 모델, 스타일리스트 등 수많은 전문가의 협업으로 이뤄졌다. 이는 풍부한 경험과 전문성을 바탕으로 한 고품질의 결과물을 만들어내지만, 동시에 상당한 시간과 비용을 필요로 한다.

그러나 최근 빠른 혁신이 이루어지고 있다. 일례로 플러스엑스의 공동 창업자 변사범 고문이 AI 모델 에이전시 '블러블러(BlurBlur)'를 통해 제시한 새로운 접근은 이러한 전통적 방식의 한계를 극복하면서도, 브랜드의 본질적 가치를 효과적으로 전달할 수 있는 가능성을 보여준다.

블러블러는 스테이블 디퓨전(Stable Diffusion)과 컴피UI(ComfyUI)를 활용해 브랜드 특성에 최적화된 AI 모델을 제작한다. 컴피UI의 노드 기반 인터페이스를 통해 모델의 표정, 포즈, 의상 등을 섬세하게 조정하고, 브랜드의 톤앤매너에 맞는 이미지를 생성한다. 나아가 브랜드의 타깃 고객층, 시장 포지셔닝, 핵심 가치를 분석해 이를 모델의 페르소나와 비주얼 방향성에 반영한다. 20대를 타깃으로 하는 브랜드라면 트렌디한 스타일과 분위기를 가진 모델을, 프리미엄 브랜드라면 고급스럽고 클래식한 이미지의 모델을 제작하는 식이다. 이렇게 만들어진 AI 모델은 브랜드의 다양한 마케팅 채널에서 일관된 메시지를 전달하는 데 활용된다.

이러한 접근은 브랜드 커뮤니케이션의 민주화(Democratization of Brand Communication)의 시발점이 되었다. 기존에는 높은 제작 비용으로 인해 프리미엄 브랜드의 전유물로 여겨졌던 수준 높은 비주얼 커뮤니케이션이, 규모와 관계없이 모든 브랜드가 활용할 수 있는 영역이 된 것이다. 스타트업이나 중소기업에게 이는 비용 절감 이상의 효과를 갖는다. 브랜드의 본질적 가치를 저비용

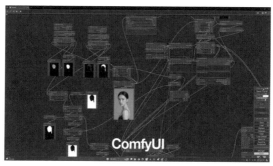

**스테이블 디퓨전과 컴피UI를 활용해 제작한 AI 모델**

브랜드의 타깃, 포지셔닝, 핵심 가치를 분석해 브랜드 맞춤형 가상 모델을 생성하고, 이를 통해 통일성 있는 브랜드 메시지를 전달한다. AI를 활용해 모든 규모의 기업이 수준 높은 비주얼 커뮤니케이션을 구현할 수 있게 함으로써, 브랜드 커뮤니케이션의 민주화를 촉진시켰다. ⓒ블러블러으로 전달하는 동시에, 시장에서의 경쟁력을 높일 수 있는 기회를 얻게 된 것이다.

이는 AI 기술과 전문가의 통찰력이 만났을 때 어떤 혁신이 가능한지 보여주는 좋은 사례. AI는 기술적 한계를 뛰어넘는 도구가 되고, 인간의 전문성은 그 도구를 통해 더 풍부한 창의적 가능성을 실현한다. 이러한 AI와 인간의 창의적 만남은 교육 현장에서도 새로운 가능성을 보여주고 있다.

제품디자인과 지도 학생이 생성형 AI를 활용해 흥미로운 졸업 작품을 선보였다. 날씨 데이터를 수집하는 디바이스가 작품의 주제였는데, 처음에는 하늘을 날아다니며 대기 중의 수분과 오염 물질을 감지하는 드론 형태의 장치를 구상했다. 초기 스케치에서 학생은 기존 드론의 한계를 극복하고자 했지만, 짧은 비행시간과 제한된 탐지 범위라는 기술적 벽에 부딪혔다.

그런데 미드저니를 활용하는 과정에서 뜻밖의 전환점이 찾아왔다. AI가 전통적인 기상 관측 기구인 라디오존데(Radiosonde)의 형태를 제안한 것이다. 이 이미지는 학생에게 영감을 주었고, 결과적으로 드론의 기동성과 에어벌룬의 장시간 체공 능력을 결합한 독창적인 작품을 완성했다.

800여 번의 이미지 재생성과 디벨롭 과정을 거쳐 탄생한 최종 디자인은 헬륨 가스로 채워진 열기구형 부양 장치에 각종 센서를 부착한 날씨 측정 드론이 합쳐진 하이브리드 형태였다.

이 독창적인 디자인은 기존 드론보다 열 배 이상 긴 체공 시간을 제공하면서도 다양한 기상 정보를 전송하고, 필요할 때 신속한 위치 이동이 가능했다. 더욱 흥미로운 점은 이 과정에서 예상치 못한 장점들이 발견되었다는 것이다. 부드러운 곡선형 디자인은 시각적 아름다움을 넘어 공기 저항을 줄이고 에너지 효율을 획기적으로 개선했다.

이 사례는 생성형 AI가 인간의 창의적 사고 과정을 어떻게 확장할 수 있는지 잘 보여준다. AI는 더 이상 보조적 도구에 머무르지 않고, 새로운 시각과 가능성을 제시하는 창의적 협력자로 자리 잡았다.

그러나 동시에 중요하게 인식해야 할 것은 AI가 제시한 모든 아이디어가 유용하지는 않았다는 점이다. AI가 보여준 수백 개의 이미지 중 실제로 영감을 준 것은 극히 일부였다. 나머지는 구현이 어렵거나 실용성이 떨어지는 디자인이었다. 결정적인 차이를 만든 것은 이 수많은 옵션 중에서 가치 있는 것을 식별해내는 인간의 통찰력이었다.

이는 인공지능과 인간의 본질적인 차이이기도 하다. 인공지능은 방대한 데이터를 바탕으로 다양한 가능성을 제시할 수 있지만, 그중에서 실제로 의미 있는 것을 가려내고 현실에 적용하는 것은 인간의 고유 영역이다.

AI가 생성한 수백 개의 이미지에서 에어벌룬이라는 특별한 형태를 발견한 것은 단순한 우연이 아니었다. 수많은 시각적 자극 속에서 가치 있는 것을 포착해내는 안목이 작용한 결과였다. 이러한 감각은 이전 프로젝트들에서 축적된 경험과 깊이 연결되어 있다.

특히 주목할 점은 학생이 에어벌룬 디자인에서 장시간 체공이라는 실용적 가치를 직관적으로 포착한 점이다. 표면적인 심미성을 넘어 본질의 가치를 고려한 것이다. 이처럼 예리한 감각과 풍부한 경험, 날카로운 직관은 서로 긴밀하게 얽혀 있다. 하나의 능력이 다른 능력을 이끌어내고 강화하는 창조적 순환을 이루는 것이다.

결국 AI 시대의 경쟁력은 AI를 통해 추출한 결과물 자체가 아니라, 그것을 재해석하고 발전시켜 더 나은 결과물을 만들어내는 인간의 창의성에서 나온다. 패스트 무버들은 AI의 강점을 이해하면서도 그것의 한계를 정확히 인식하고, 그 너머의 가능성을 발견해낸다.

기술이 발전할수록 이러한 패스트 무버의 역할은 더욱 중요해질 것이다. AI를 자신의 전문성을 증폭시키는 도구로 활용해 자기 분야에서 진정한 전문가로 거듭남으로써 세상에 없던 새로운 가치를 만드는 데 앞장서는 것. 이것이 바로 AI 시대를 이끌어갈 패스트 무버의 조건이다.

**미드저니가 제안한 에어벌룬을 활용한 디자인**
초기에 고안했던 일반적인 드론은 짧은 비행시간과 좁은 탐지 범위가 단점이었으나, 미드저니가 제안한 에어벌룬 이미지에서 장시간 체공과 넓은 탐지 범위에 대한 아이디어를 얻을 수 있었다. ⓒ박제민·유현아

**에어벌룬과 드론을 결합한 최종 디자인**

헬륨 가스로 채워진 열기구형 부양 장치에 날씨를 측정할 수 있는 센서들이 부착된 드론 형태의 디바이스를 결합한 디자인이다. 기존 드론보다 긴 체공 시간을 제공하면서도 다양한 기상 정보의 전송하고, 필요할 때 신속하게 위치를 이동할 수 있다. ⓒ박제민·유현아

# 생성형 AI 시대, 인간의 경쟁력은 무엇일까?

인공지능의 진정한 역할은 인간의 능력을 대체하는 것이 아니라 보완하고 강화하는 것이다. 실제 현장에서 가장 좋은 결과는 AI 와 인간이 각자의 강점을 살려 협력할 때 나온다. AI는 빠른 속도로 수많은 아이디어를 생성하고, 인간은 그중에서 가치 있는 것을 발견해 이를 발전시킨다. 인공지능이 가능성이라는 원석을 제공하면, 인간이 그것을 정교하게 깎아 보석으로 만드는 것이다.

디자이너가 브랜드 패키지를 개발하는 과정을 생각해보자. 인공지능은 수백 개의 디자인을 순식간에 생성할 수 있다. 하지만 이 중에서 정말 의미 있는 디자인을 찾아내고, 그것을 브랜드의 가치와 연결하며, 시장에서의 경쟁력까지 가늠하는 것은 디자이너의 몫이다. 디자이너는 자신의 경험과 전문성을 바탕으로 각 디자인의 실용성과 시장성을 평가한다. 겉보기에 독창적이어도 실제 적용 가능성이 낮거나, 반대로 단순해 보여도 브랜드의 가치를 효과적으로 전달할 수 있는 것을 식별해내는 것이다.

이때 중요한 것은 비판적 분석 능력이다. 데이터 기반의 AI 역량을 활용하는 것을 넘어, 인공지능이 결과물을 도출하는 과정과 원리를 이해하는 것이 필수적이다. AI의 생성 과정과 작동 방식에 대한 이해 없이는 그 결과물이 가진 한계점과 잠재적 리스크를 정확히 평가할 수 없기 때문이다.

실제로 AI는 종종 편향된 결과를 만들어내기도 한다. 가령 생성형 AI가 특정 문화권의 데이터로만 학습되었다면, 다양한 문화적 맥락을 반영하지 못할 수 있다. 또는 텍스트 기반 AI가 특정 세대나 계층의 언어 사용 패턴에 치중되어 있다면, 다양한 커뮤니케이션 스타일을 제대로 구현하지 못할 수 있다. 이러한 한계를 인식하고 보완하는 것도 인간의 역할이다.

AI 시대의 진정한 경쟁력은 인공지능이 제시하는 결과물을 활용해 더 나은 의사결정을 할 수 있는 능력에서 나온다. 이러한 능력을 갖추기 위해서는 AI의 가능성을 이해하면서도 그 한계를 정확히 파악하고, 이를 보완할 수 있는 통찰력이 필요하다.

기술이 발전한다고 해서 모든 것이 자동으로 해결되지는 않는다. 오히려 AI의 발전이 가속화될수록, 역설적으로 인간 고유의 판단력과 창의성은 더욱 중요해질 것이다. 이 시대의 경쟁력은 AI와 대결하는 것이 아닌, AI를 통해 자신의 창의적 가능성을 증폭시키는 데 있다.

패스트 무버는 AI의 강점을 최대한 활용하면서도, 그것의 한계를 정확히 인식하고 그 너머의 가능성을 발견해낸다. 기술의 발전 속도가 빨라질수록 이러한 패스트 무버의 역할은 더욱 중요해진다. AI와 경쟁하는 것이 아니라, AI를 통해 자신의 전문성을 한 단계 더 높이고, 150%의 결과물을 만들어내는 것. 이것이 바로 AI 시대를 선도하는 패스트 무버의 모습이다.

# 기술은
# 바뀌어도

# 본질은
# 변하지 않는다

---

## 삐삐부터 데이팅 앱까지, 기술에 담긴 근원적 욕망

기술의 발전은 우리의 소통 방식을 끊임없이 변화시켜왔다. 원격 근무, 비대면 회의, 클라우드 기반 협업 등 과거에는 상상도 못했던 방식으로 서로 연결되고 있다. 그러나 이러한 변화의 근본적인 원인을 들여다보면, 모든 기술의 이면에는 인간이 본능적으로 추구하는 욕망이 자리하고 있음을 알 수 있다. 기술이 발전할수록 우리의 일상은 새롭게 바뀌지만, 그 기저에는 언제나 더 편리하게 연결되고, 더 많은 기회를 얻으며, 감정을 보다 풍부하게 표현하고자 하는 인간의 본능이 존재한다. 새로운 기술이 등장할 때마다 우리의 소통 방식은 변했지만, 인간의 본질적인 욕구는 시대를 초월해 이어졌다.

젊은 세대에게는 낯설겠지만, 1990년대에는 '삐삐(전자호출기, Pager)'라는 통신기기가 있었다. 전화번호를 전달하는 것이 주된 기능인 단순한 연락 도구였다. 누군가에게 연락하고 싶으면 상대방의 삐삐 번호로 전화를 걸어 자신의 번호를 입력했다. 그러면 상대방의 삐삐 화면에 발신자의 번호가 표시되고, 이를 확인한 상대방은 근처의 전화를 이용해 회신하는 방식이었다.

하지만 인간의 본능적인 소통 욕구는 삐삐를 감정 표현의 도구로 변화시켰다. 사람들은 삐삐의 제한된 기능을 창의적으로 활용해 감정을 전달하는 방법을 만들어냈다.

그 대표적인 예가 숫자를 활용한 메시지였다. 예를 들어 '486'이라는 숫자는 '사랑해'라는 메시지를 의미했다. 이는 한글의 획수를 조합한 것으로, 당시 사람들 사이에서 마음을 전하는 재미있는 암호로 사용했다. 비슷한 방식으로 영어권에서는 '143'이 'I Love You'를 뜻하는 암호로 사용되었다. 'I'는 한 글자, 'Love'는 네 글자, 'You'는 세 글자로, 숫자로 감정을 표현하는 방식이었던 것이다.

이처럼 삐삐는 호출 기능을 넘어 사람들이 감정을 표현하고 소통하는 수단으로 발전했다. 이는 기술이 도구로만 존재하는 것이 아니라, 인간의 본질적인 욕구와 결합하면서 새로운 형태로 진화할 수 있음을 보여주는 사례다.

삐삐에서 숫자 암호를 활용한 감정 표현이 이뤄졌듯이, 오늘날의 기술도 인간의 본능적인 욕망을 충족시키는 방향으로 발전하고 있다. GPS 기술을 활용한 위치 기반 데이팅 앱이 대표적인 예다. 위치 기반 데이팅 앱은 사용자의 위치 정보를 활용해 주변에 있는 사람들과 연결될 기회를 제공한다. 이는 삐삐가 단순한 번호 전달을 넘어 감정 표현의 도구로 활용된 것처럼, 기본적인 위치 정보 기술이 인간의 욕망과 결합하면서 새로운 만남의 방식을 만들어낸 사례라고 할 수 있다.

소셜미디어 역시 이러한 변화의 연장선에 있다. 특히 인스타그램은 젊은 세대가 새로운 사람들과 연결되는 방식에 중요한 역할을 하고 있다. 과거에는 전혀 모르는 사람과 친분을 쌓기 위해서는 직접 다가가 말을 걸고, 관계를 형성해야 했다. 그러나 오늘날에는 관심 있는 사람의 게시물에 '좋아요'를 누르고, 자연스럽게 DM(Direct Message)을 주고받으면서 관계를 시작하는 방식이 보편화되었다.

예를 들어 누군가 제주도 여행을 가서 '#제주여행'이라는 해시태그를 달아 사진을 올리면, 같은 시기에 제주에 있는 사람들이 게시물을 쉽게 검색할 수 있다. 이때 관심이 가는 사람이 있다면 그의 게시물에 '좋아요'를 눌러 관심을 표현하고, 상대방도 호감을 느낀다면 비슷한 방식으로 반응을 보이는 것이다. 이후 DM을 주고받으며 대화를 이어가고, 일정이 맞으면 실제로 만나게 되는 경우도 많다고 한다.

이는 결국 기술이 인간의 욕망을 어떻게 확장하고 실현하는지 보여준다. 삐삐에서 숫자 암호를 활용해 감정 표현이 이뤄졌듯이, 오늘날에는 GPS와 소셜미디어 기술이 넓은 만남의 기회를 제공하고 있는 것이다. 시대가 변하면서 소통의 방식은 계속해서 발전해왔지만, 마음에 드는 사람을 만나고, 감정을 표현하며, 관계를 발전시키고자 하는 인간의 본질적인 욕망은 변하지 않았다. 과거에는 삐삐의 숫자 암호가 감정을 전달하는 수단이었다면, 오늘날에는 소셜미디어와 위치 기반 기술이 새로운 방식의 소통과 만남을 가능하게 하고 있다.

기술의 발전이 새로운 만남의 기회를 제공하지만, 그 안에서 우리가 추구하는 연결과 감정의 깊이는 변하지 않는다. 기술은 그저 인간의 욕망을 실현하는 또 하나의 도구일 뿐이며, 시대가 변화하면서 그 방식이 다양해지고 있을 뿐이다. 편지에서 전화, 삐삐, 소셜미디어로 이어진 변화는 인간이 더 깊이 연결되고, 감정을 더 풍부하게 표현하며, 더 넓은 만남의 기회를 갈망한다는 사실을 반영한다. 기술의 진보는 결국 인간의 욕망을 따라가며 그 욕망을 더 잘 이해하고 충족시키는 방향으로 발전해왔다.

# 이제는 기계가 인간을 배운다

인터페이스의 진화 과정은 인간과 기계의 관계가 어떻게 변화했는지 잘 보여준다. 초기 컴퓨터 시대에는 사용자가 기계의 언어를 배워야 했다. DOS 시대에는 명령 프롬프트에 정확한 명령어를 입력해야 했고, 운영 체제에 대한 기본적인 이해가 필요했다. 파일을 복사하거나 이동하는 간단한 작업도 특정 명령어를 입력해야 하고, 오타가 발생하면 작업이 실패할 수 있었다.

1984년 애플 매킨토시를 시작으로 한 그래픽 사용자 인터페이스(GUI)의 발전은 이러한 패러다임을 완전히 바꿨다. 특히 1995년 윈도우95의 대중화는 변화를 더욱 가속화했다. 인간이 기계의 언어를 배우는 것이 아니라, 기계가 인간의 직관적인 사용 방식을 따르도록 한 것이다.

복잡한 명령어는 누구나 이해할 수 있는 아이콘과 메뉴로 대체되었고, 마우스를 통한 간단한 클릭으로 원하는 작업을 수행할 수 있게 되었다. 이는 컴퓨터가 전문가만의 도구가 아닌, 모든 사람이 쉽게 활용할 수 있는 대중의 도구로 진화하는 결정적인 계기가 되었다.

2007년 아이폰의 등장은 이러한 진화를 한 단계 더 발전시켰다. 사용자가 다양한 방법으로 장치와 상호작용하는 멀티터치 기술로 보다 직관적인 조작이 가능해졌고, 이는 인터페이스 활용의 새로운 장을 열었다. 손가락으로 화면을 터치하는 기본적인 동작부터, 좌우로 밀어넘기는 스와이프(Swype), 두 손가락으로 화면을 확대하거나 축소하는 핀치 줌(Pinch Zoom), 화면을 길게 누르는 롱 프레스(Long Press) 등 새로운 조작 방식들이 도입되었다.

이는 우리가 일상적으로 사물을 다루는 방식과 매우 유사하다. 책장을 넘기듯 화면을 넘기고, 물건을 자세히 보기 위해 가까이 다가가듯 화면을 확대하는 등 인간의 자연스러운 행동을 그대로 인터페이스에 반영한 것이다. 이는 기술이 점점 더 인간의 행동 방식에 맞춰 발전하고 있음을 보여준다.

2010년대 중반에 등장한 음성 기반 인터페이스(Voice UI)는 인터페이스 진화의 전환점이 되었다. 기존의 터치나 클릭 방식을 넘어, 인간의 가장 기본적인 소통 방식인 음성을 통해 기계와 상호작용을 할 수 있게 된 것이다. 음성 명령을 통한 기기 제어는 사용자 인터페이스를 한 단계 더 직관적으로 발전시켰다.

가령 "이 음악을 플레이리스트에 추가해줘"라고 하면 재생 중인 음악을 특정 플레이리스트에 저장하고, "내일 오전 일정 보여줘"라는 간단한 요청에 캘린더 정보를 보여주는 등 일상적인 대화 방식으로 원하는 작업을 수행할 수 있게 되었다.

더 나아가 AI는 사용자의 습관과 선호도를 학습한다. 자주 듣는 음악 스타일, 자주 방문하는 장소, 선호하는 뉴스 주제 등을 파악해 더 개인화된 서비스를 제공한다. 심지어 사용자의 행동 패턴을 통해 사용자가 무엇을 원하는지 예측하고 그에 맞는 서비스를 선제적으로 제안한다.

이러한 변화는 사용자 중심 디자인(User Centered Design)이라는 철학을 더욱 강화했다. 이제 성공적인 인터페이스 개발의 핵심은 '얼마만큼 사용자를 깊이 있게 이해하는가'에 달렸다. 그동안 인간이 기계의 방식을 배웠다면, 이제는 기계가 인간의 문법을 배우고 있다.

결국 모든 기술의 진화는 인간의 욕구를 더 잘 이해하고 충족시키는 방향으로 이뤄진다. 새로운 서비스를 개발할 때 가장 중요한 것도 사용자를 깊이 있게 이해하는 것이다. '더 나은 삶'이란 편리성을 넘어 본질적 가치의 실현을 의미한다. 기술은 때로 우리가 미처 생각하지 못했던 새로운 가능성을 열어주며, 이를 통해 우리는 자신의 잠재력을 더 깊이 탐구하고 실현할 수 있게 된다. 앞으로도 기술은 인간의 근원적 열망을 좇아 끊임없이 진화할 것이다.

# 누가

# 150%의
# 결과물을
# 만드는가

---

## 우리의 상상력을 증폭하는 AI

이미지 생성 AI인 달리(DALL·E)를 사용해 자화상을 그려본 적이 있다. "아시아인, 뚱뚱한, 콧수염이 있는, 안경을 쓴 사람을 14세기 화풍으로 그려줘"라는 프롬프트를 입력했을 때, 흥미로운 발견을 하게 되었다. 처음 '아시아인'이라고 입력했을 때, AI는 인도나 동남아시아 계열의 인물을 그려냈다. 초기 학습 데이터에서 '아시아인'이라는 단어가 주로 인도계 이미지와 함께 학습되었음 추측할 수 있었다. 이를 '극동 아시아인'으로 수정하자 한국이나 일본인의 특징을 가진 얼굴로 바뀌었다.

더 흥미로운 것은 '뚱뚱한(fat)'이라는 표현을 '통통한(chubby)'

**달리를 활용해 14세기 복장의 렘브란트 화풍의 자화상을 완성하는 과정**

사용자가 자신이 원하는 방향으로 키워드를 바꿔가며 프롬프트를 입력하면, 그에 맞춰 AI가 목표 이미지에 수렴해가는 과정을 단계별로 볼 수 있다.

으로 바꿨을 때였다. AI는 14세기 르네상스 시대 미술에 자주 등장하는 통통한 볼과 부드러운 곡선의 신체를 가진 천사상을 참조한 듯했다. 여기에 당시 복식과 회화 스타일까지 정확하게 반영하며, 내가 의도한 시대적 특징을 훌륭하게 구현해냈다.

이 경험을 통해 AI의 작동 방식을 더 깊이 이해하게 되었다. AI는 프롬프트의 각 단어가 가진 맥락과 그 조합을 세밀하게 분석하고, 방대한 데이터베이스에서 가장 적절한 참조점을 찾아 결과물을 생성한다. 그러므로 더 정확한 결과를 얻고 싶다면 AI가 학습한 데이터의 특성을 이해하고, 그에 맞는 구체적이고 명확한 프롬프트를 작성해야 한다.

AI 작동 방식에 대한 이해를 바탕으로 더 도전적인 작업을 시도하게 되었다. 비즈한국의 브랜드비즈 콘퍼런스에서 '인공지능 시대의 브랜드 디자인'을 주제로 발표를 하게 되었는데, 이에 맞춰 연사들의 프로필도 새로운 방식으로 표현할 필요가 있다는 생각이 들었다. 처음에는 시중의 AI 프로필 생성 앱을 활용해보았지만, 결과물이 천편일률적으로 나와 아쉬움이 컸다. 이에 콘퍼런스 기획자와 함께 스테이블 디퓨전을 활용해보기로 했다.

스테이블 디퓨전은 다른 생성형 AI 도구들과는 차별화된 기능이 있다. 인물의 포즈와 구도를 세밀하게 조절할 수 있는 콘트롤넷(ControlNet)과 특정 스타일을 새롭게 학습시킬 수 있는 텍스추얼 인버전(Textual Inversion)이 대표적이다.

**스테이블 디퓨전을 활용해 스타트렉 콘셉트를 적용한 브랜드비즈 콘퍼런스 연사 프로필**

원본 이미지의 본질적 특성은 유지하되, 세부적 파라미터 조정을 통해 목표로 하는 심층적인 이미지를 구현할 수 있었다. ⓒ비즈한국

또한 이미지의 질감과 세부 표현을 다듬는 VAE(Variational Autoencoder)와 원하는 스타일을 강화하는 하이퍼네트워크 (Hypernetwork) 등 다양한 기술을 활용할 수 있다.

먼저 나를 포함한 연사들의 사진에 로라(Low-Rank Adaptation, LoRA)를 적용했다. 로라는 기존 AI 모델에 새로운 이미지를 학습시켜 원하는 스타일로 변형하는 기술로, 스테이블 디퓨전의 다양한 기능을 활용해 인물의 고유한 특징은 살리면서도 의상이나 포즈, 전체적인 분위기를 자유롭게 표현할 수 있다.

이러한 기술들을 활용해 인공지능 시대의 새로운 미션을 수행하는 디자이너들을 스타트렉의 대원들로 재해석했다. 이는 단순한 프로필 사진을 넘어, 기술과 창의성이 만나는 새로운 시대의 디자이너상을 보여주는 상징물이 되었다. 연사들은 물론 청중들도 큰 흥미를 보였고, 나 역시 작업 과정과 결과에 만족을 느꼈다.

앞선 작업의 성과를 바탕으로, 이번에는 마블 히어로즈와 나의 모습을 결합하는 작업을 시도했다. 특히 안경을 착용한 부분을 AI에 따로 학습시켰더니 안경테의 세부적인 디테일까지 잘 반영되어 인상적이었다.

흥미로운 발견도 있었다. 현재 스테이블 디퓨전의 기본 체크포인트 모델이 이상적인 외모 위주로 학습되어 있다는 점이었다. 나이가 들거나 배가 나오는 등 체형을 다양하게 생성하는 데는 한계가 있었다. 이를 해결하기 위해 모델의 얼굴을 20%만 반영하거나 세부 수치를 조정하는 등 다양한 실험을 거쳐야 했다.

이러한 작업 과정을 되짚어보면 생성형 AI는 놀라운 속도와 정확성으로 결과물을 만들어낸다. 프롬프트만 입력하면 순식간에 이미지가 생성되고, 간단한 명령어 몇 개로 다양한 변형이 가능하다. 하지만 이 효율성 뒤에는 한계가 분명히 있다. AI는 인간이 제공한 데이터와 지시에 따라 추론해 작업할 뿐, 창의적 판단이나 자율적 결정을 하지 못한다.

실제로 AI가 결과를 도출하는 데 사용하는 것은 자체적인 상상력이나 창의성이 아니라, 철저히 인간이 제공한 데이터와 설정을 기본으로 한다. AI는 이 데이터를 학습하고 조합해 이미지를 생성하지만, 그 과정에서 진정한 의미의 창조적 판단을 하지는 않는다. 스타트렉 캐릭터를 만들 때도 AI는 기존 스타트렉 이미지의 특징을 분석한 뒤 이를 새로운 얼굴과 의상, 배경에 배치하는 수준의 단순 작업만 수행했다.

AI가 창작한 결과물의 진정한 주체는 인간이다. 프롬프트를 작성하고, 파라미터를 조정하며, 수많은 결과물 중에서 가치 있는 것을 선별하고, 최종적으로 작품의 완성도를 판단하는 것은 결국 인간이기 때문이다. 예술적 감각이나 자유 의지에 의한 창의적 판단은 인간만이 할 수 있는 고유한 영역으로 남아 있다.

**스테이블 디퓨전을 활용해 저자의 얼굴에 마블 히어로즈 콘셉트를 적용한 작업**

현재 스테이블 디퓨전의 기본 모델은 늙거나 배가 나온 모습을 생성하는 데는 한계가 있기 때문에 모델의 얼굴을 20% 정도만 반영하거나 세부 수치를 조정하는 등 다양한 실험을 수차례 거쳐야 한다.

## 비효율이 만들어낸 창작의 아름다움

생성형 AI로 작업을 하는 창작자들은 흥미로운 역설을 경험한다. 생성형 AI로 쉽게 창작이 가능해졌지만, 전문가로서 원하는 퀄리티를 높이려면 무수한(최소 수만 장의) 생성을 통해서 조금씩 조율해나가야만 한다. 생성형 AI는 생산성을 높이는 툴이지만, 퀄리티는 비생산적인 과정을 통해 완성되는 것이다.

인간은 작업 과정에서 예측할 수 없는 직관적 결정을 내리거나 논리를 완전히 벗어난 선택을 하기도 한다. 이러한 불완전함은 독창적인 아이디어와 예술적 깊이를 만들어낸다. AI만으로는 결코 도달할 수 없는 창의적 표현과 다양성이 바로 이 지점에서 탄생한다.

국내 크리에이트 업계에서 독보적인 색깔을 구축해온 컴파운드 컬렉티브의 'AI 포인트 오브 뷰(AI Point of View)' 프로젝트는 이러한 창작의 본질을 잘 보여준다.

남산타워부터 광화문, 한강 등 서울의 명소 곳곳을 배경으로 AI가 새롭게 구현한 전통과 현대가 어우러진 광경이 펼쳐지는 이 영상은 미드저니, 스테이블 디퓨전, 달리 등 열두 개의 생성형 AI로 제작되었다. 한국과 서울의 홍보 영상은 기존의 AI 영상과는 차별화된 완성도 높은 비주얼과 탄탄한 스토리라인, 감각적인 사운드를 선보이며 화제가 되었다.

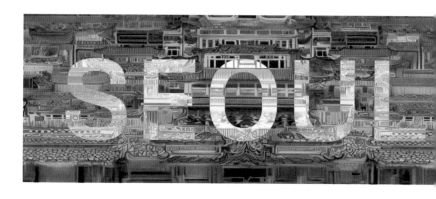

**AI를 활용해 제작한 'AI 포인트 오브 뷰' 프로젝트**

2024년 초 공개된 이 서울 홍보 영상은 20만 장이 넘는 AI 영상 클립 중 단 0.5%만을 선별해 사용했는데, 비생산적으로 보이는 방대한 생성과 엄격한 선별 과정이 오히려 작품의 퀄리티를 높였다. 완성도 높은 비주얼과 탄탄한 스토리라인, 감각적인 사운드를 통해 AI 영상의 새로운 가능성을 보여준 대표적 사례로 평가받는다.

ⓒ 컴파운드 컬렉티브

전이안 감독은 한 매체와의 인터뷰에서 "AI는 인간을 대체하는 것이 아니라 새로운 기회를 창출한다. AI 영상이 앞으로 하나의 영상 문법으로 사용될 것"이라고 언급했다.

특히 "전자책이 등장했다고 서점이 없어지지 않았고, 디지털 아트가 등장했다고 기존 그림 시장이 죽은 것도 아니다"라는 발언을 통해, AI 기술이 기존 산업을 완전히 대체하지 않을 것임을 시사했다.

전이안 감독은 이 프로젝트에서 20만 장이 넘는 AI 영상 클립을 생성하고 그중 단 0.5%만을 선별해 사용했는데, 이처럼 비생산적으로 보이는 방대한 생성과 엄격한 선별 과정을 통해 오히려 작품의 퀄리티가 높아졌다.

AI는 빠른 속도로 다양한 결과물을 만들어내는 데 탁월하다. 하지만 진정한 창작 활동에서는 속도나 양보다 선택과 판단이 더 중요하다. AI가 제공하는 수많은 가능성 중에서 가치 있는 것을 발견하고, 그것을 예술적으로 승화시키는 것은 여전히 인간의 영역이기 때문이다.

따라서 AI 시대의 창작자들에게 필요한 것은 AI와의 적절한 협업 능력이다. AI를 우리의 창의적 능력을 확장하고 증폭시키는 협력자로 활용해야 한다. AI의 가능성은 인간의 직관과 만나 새로운 창작의 영역을 열어준다.

앞으로의 창작은 AI의 능력과 인간의 창의성이 조화롭게 결합하는 방향으로 나아갈 것이다. AI는 우리의 상상력을 증폭시키는 강력한 도구가 되겠지만, 그 상상력의 씨앗을 심고 가꾸는 것은 여전히 인간의 몫으로 남을 것이다. 진정한 혁신은 이 두 영역이 만나는 지점에서 시작된다.

# 전문가의
# 안목,

# 보이지 않는 것을
# 보다

---

## 창작자에게 안목이 필요한 이유

학교에서 과제를 내주었을 때, 많은 학생이 생성형 AI를 활용한 결과물을 가지고 온다. 같은 도구를 사용하니 결과물이 대체로 비슷한 수준일 거라 생각하겠지만, 전혀 그렇지 않다. 특히 2학년과 4학년이 동일한 AI 도구를 사용했을 때의 그 결과물은 확연한 차이를 보인다.

4학년 학생들의 작품은 AI의 사용 여부를 판단하기 어려울 정도로 AI가 자연스럽게 창작 프로세스에 녹아들어 있다. 그들은 인공지능을 협력자처럼 활용하며, 거기에서 얻은 아이디어를 발전시켜 자신만의 독창적인 결과물을 만들어낸다. 반면 2학년 학생들의 작품은 AI 사용 흔적이 뚜렷하게 드러나며, AI가 생성한 결과물을 거의 그대로 활용한 경우도 많다.

왜 이러한 차이가 생기는 걸까? 이는 기술적 능력이 달라서가 아니다. 도구를 통해 만들어진 결과물을 정확히 평가하고, 무엇을 개선해야 더 나은 결과물이 될 수 있을지 파악하는 '안목'이 다르기 때문이다.

생성형 AI가 급속도로 발전하는 지금, 안목의 중요성은 더욱 두드러지고 있다. 안목이란 겉으로 드러난 결과물만을 평가하는 것이 아니라, 그 이면에 숨겨진 의미와 맥락을 깊이 있게 이해하고 진정한 가치를 발견하는 능력이다. AI가 결과물을 쏟아내는 속도와 양은 인간의 능력을 뛰어넘지만, 그중에서 진정으로 의미 있는 것을 선별하고 더 높은 차원으로 발전시키는 일은 결국 인간만이 할 수 있다.

AI가 만들어낸 수많은 옵션 중에서 무엇을 선택하고, 어떻게 수정하며, 어떤 방향으로 완성할지를 판단하는 것은 창작자의 안목에 달렸다. 이는 선택 이상의 과정으로, 창작자가 작품의 본질을 이해하고, 그 안에 담긴 철학과 메시지를 통해 더 나은 결과를 만들어내는 능력을 뜻한다. 겉으로 드러나지 않는 것도 찾아내서 보는 것, 전혀 관계가 없는 것들을 서로 엮어 연결고리를 만들어내는 것, 남보다 한발 앞서 예측하고 구체화하는 것 역시 모두 안목의 요소라 할 수 있다.

## 수많은 가능성 중에 가치를 발견하는 법

세계적인 혁신 기업 애플의 공동창업자 스티브 잡스가 남긴 통찰이 있다. "우리는 시장 조사를 하지 않습니다. 우리는 그들이 필요로 하는 것을 알아내려 노력합니다. 우리의 임무는 아직 페이지에 쓰이지 않은 것들을 읽어내는 것입니다." 이 말은 표면적 데이터를 넘어 본질을 꿰뚫는 안목의 중요성을 보여준다.

AI 시대에 안목은 더욱 중요해졌다. AI가 쏟아내는 무수한 가능성 속에서 진정한 가치를 발견하고, 그것을 혁신으로 발전시키는 능력이 핵심 경쟁력이 된 것이다. 이는 시대의 흐름을 읽고 미래를 예측하는 통찰력까지 포함한다.

안목을 키우는 것은 마치 근육을 단련하는 것과 같다. 우선 인공지능이라는 도구를 활용한 적극적인 실험이 필요하다. 수많은 시행착오를 통해 AI의 특성과 한계를 체득하고, '여기에 무엇을 더할 수 있을까?'를 끊임없이 고민하며 자신만의 창작 프로세스를 발전시켜야 한다.

디지털 시대의 안목은 새로운 방식으로 단련된다. 핀터레스트 (Pinterest)나 비핸스(Behance) 같은 플랫폼에서 글로벌 크리에이터들의 최신 작업을 탐색하고, 디스코드(Discord)나 레딧(Reddit) 같은 AI 아트 커뮤니티에서 실시간으로 피드백을 주고받는 것이 대표적인 예다. VR 전시나 인터랙티브 디지털 아트를 경험하면서 미디어의 가능성을 발견하고, 틱톡(TikTok)이나 유튜브 쇼츠 (YouTube Shorts)의 바이럴 콘텐츠를 분석하며 Z세대의 문화 코드를 이해하는 것도 좋은 방법이다.

예술 작품을 감상할 때도 단순한 감상을 넘어 적극적인 분석이 필요하다. 작품이 왜 좋은지, 어떤 부분이 아쉬운지를 구체적으로 파악하고, 다른 사람들과의 토론을 통해 관점을 확장해야 한다. 이러한 과정은 자신의 작업을 객관적으로 평가하고 개선하는 능력으로 이어진다.

일상에서 다른 사람들의 행동과 반응을 관찰하는 것도 중요하다. 사람들은 각자의 배경과 경험, 가치관에 따라 같은 상황에서도 다르게 반응한다. 다양한 반응을 이해하고 해석하는 과정에서 더 깊은 통찰을 얻을 수 있다. 특히 AI가 만들어낸 결과물에 대한 사람들의 다양한 반응을 관찰하고 이해하는 것은 AI를 더 효과적으로 활용하는 데 중요한 단서를 제공한다.

결국 AI 시대의 진정한 경쟁력은 기술 활용 능력이 아닌, 가치를 발견하는 안목에 있다. AI가 제시하는 수많은 가능성 중에서 의미 있는 것을 가려내고, 이를 혁신으로 발전시키는 작업은 오직 예리한 안목을 지닌 사람만이 할 수 있다. 이것이 바로 잡스가 말한 '아직 쓰이지 않은 페이지를 읽어내는 능력'이며, AI 시대에 우리가 갖춰야 할 핵심 역량이다.

# 직관의
# 힘,

# 기회를 포착하는
# 순간

---

## 인간이 가진 제6의 감각, 직관

필립 스탁(Philippe Starck)의 '쥬시 살리프(Juicy Salif)'는 현대 디자인의 대표적인 명작이다. 29센티미터의 우아한 높이, 알루미늄 소재의 세련된 외관, 세 개의 가느다란 다리가 만드는 우주선 같은 형태는 수많은 디자인 애호가의 시선을 사로잡았다. 주방용품이라기보다는 예술 작품에 가까운 이 제품은 뉴욕 MoMA의 영구 소장품으로도 선정될 만큼 미학적 가치를 인정받았다.

그러나 이 제품은 아이러니한 면이 있다. 본연의 기능인 레몬을 짜는 데는 그다지 효율적이지 않다는 것이다. 실용성 면에서는 평범한 플라스틱 착즙기만도 못하다는 혹평을 받기도 한다.

이 제품의 진정한 가치는 실용성이 아닌 다른 곳에 있다. 레몬즙을 완벽하게 짜지 못하더라도 소유하고 싶게 만드는 매력, 즉 창작자의 직관이 빚어낸 조형적 아름다움이 실용적인 가치를 넘어섰다고 할 수 있다.

이 제품의 탄생 과정은 창작자의 직관과 경험이 어떻게 새로운 미적 가치를 만들어내는지 잘 보여준다. 이탈리아 동부의 작은 섬 카프라이아(Capraia)의 한 식당에서 칼라마리(지중해식 오징어튀김)를 먹던 스탁은 레몬을 짜다가 문득 영감을 얻었다. 접시 위에 놓인 오징어가 그의 눈에 들어왔고, 그 순간의 직관이 전에 없던 디자인을 탄생시켰다. 그는 즉석에서 테이블에 깔린 종이 매트에 스케치를 했고, 이 우연한 순간의 영감이 혁신적인 디자인의 출발점이 되었다.

더욱 흥미로운 것은 이 제품의 소재다. 당시 주방용품의 대부분은 플라스틱이었다. 하지만 스탁은 재료로 알루미늄을 선택했다. 이는 항공기 엔지니어였던 아버지에게서 얻은 경험과 지식이 순간적으로 발현된 결과였다. 가볍지만 강도가 높고 부식에 강한 알루미늄의 특성은 제품에 독특한 존재감을 부여했고, 매끄러운 광택과 현대적 이미지는 주방 도구를 하나의 조각품으로 승화시켰다.

창조는 이처럼 종종 우연에서 비롯된다. 예기치 않은 발견, 계획하지 않은 만남, 의도하지 않은 실수가 창조의 출발점이 된다.

**현대적인 디자인 제품을 생산하는 알레시의 '쥬시 살리프'**

쥬시 살리프는 필립 스탁의 디자인 가운데 가장 잘 알려진 제품이다. 출시와 동시에 산업디자인의 대표 아이콘으로 떠오르며 뉴욕 MoMA의 영구 소장품에 등극했다.

©필립 스탁

우연한 발견을 의미 있는 창조로 전환하는 것은 인간의 직관이다.

직관은 이성적 사고나 논리적 분석을 넘어, 감각과 감정이 즉각적으로 불러일으키는 통찰이나 영감의 형태로 나타난다. 이는 창작자가 무의식적으로 복잡한 이미지를 처리해 순간적으로 작품의 방향을 결정하거나, 명확한 근거가 없는 상태에서도 올바른 표현 방식을 직감적으로 찾아내는 능력이다.

직관은 오랜 시간 축적된 경험과 잠재의식 속에서 쌓인 지식의 결합으로 이뤄지며, 이 때문에 종종 '제6의 감각'이라고도 불린다. 예술가가 캔버스 앞에서 순간적으로 내리는 판단, 의사가 환자를 보자마자 느끼는 의료적 직감, 경영자가 중요한 결정에서 발휘하는 통찰력 등 이 모두가 직관의 다양한 발현 형태다.

AI 시대에 직관의 가치는 더욱 중요해진다. 인공지능은 방대한 데이터를 처리하고 놀라운 결과를 만들어낼 수 있지만, 전혀 관계없어 보이는 것들 사이에서 의미 있는 연결을 발견하는 직관적 판단은 하기 어렵다. AI는 무수한 패턴을 분석하고 조합할 수 있지만, 칼라마리를 보고 레몬 착즙기를 떠올린 스탁처럼 전혀 다른 맥락에서 새로운 가치를 발견하는 창의적 도약은 할 수 없다. AI의 우연은 여전히 알고리즘과 확률에 의해 통제된 결과물이기 때문이다.

반면 인간의 직관은 학습된 지식과 상관 없이 예측 불가능하고 창조적이다. 생각과 감정, 의식과 무의식, 과거의 경험과 현재

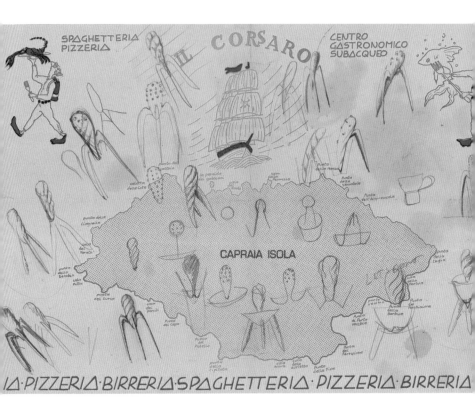

**'쥬시 살리프' 초기 스케치**

필립 스탁이 해변 식당에서 본 칼라마리의 외양에서 영감을 받아 디자인한 이 제품
은 실용성보다 창조적 직관의 가치를 보여주는 대표적 사례다. ⓒ 필립 스탁

의 상황, 문화적 맥락과 개인적 취향이 복잡하게 얽혀 작동한다. 한 예술가가 거리의 쓰레기 더미를 보고 환경 문제에 대한 설치 미술을 구상하거나, 과학자가 실험 실패 속에서 새로운 발견의 실마리를 포착하는 것은 바로 이런 복합적 직관의 결과다.

또한 직관은 깊은 전문성과 풍부한 경험이 압축된 형태로 발현되는 고도의 인지 능력이다. 숙련된 소방관이 화재 현장에서 즉각적으로 위험을 감지하는 것처럼, 진정한 직관은 오랜 시간 축적된 전문성을 기반으로 한다.

## 익숙함을 벗어나는 용기에서 직관이 시작된다

직관을 일상에서 발전시키려면 근본적인 태도 변화가 필요하다. 직관은 논리와 이성이 지배하는 영역 너머에 존재하기에, 이를 키우려면 새로운 방식으로 세상을 바라보는 세 가지 조건이 충족 되어야 한다.

가장 중요한 것은 불확실성을 받아들이고 그 안에 자발적으로 뛰어드는 용기다. 많은 사람이 익숙함과 안정성을 추구한다. 하지만 직관은 불확실하고 예측할 수 없는 상황에서 더 강력하게 작동한다. 마치 근육이 적절한 자극과 긴장을 통해 발달하듯, 직관도 도전적인 상황에서 더욱 날카로워진다. 익숙한 업무 패턴을 벗어나 새로운 프로젝트에 도전하는 것은 물론, 일상에서 평소 가보지 않던 길을 걷는 것만으로도 직관을 자극할 수 있다.

두 번째로 중요한 것은 유연한 사고의 틀이다. 현대사회는 논리적이고 효율적인 사고를 강조한다. 하지만 때로는 의도적으로 이성적 사고를 잠시 멈추고, 마음을 열어두는 시간이 필요하다. 복잡한 문제 앞에서 즉각적인 해결책을 찾으려 하기보다, 잠시 그 문제를 의식의 뒤편에 두고 다른 활동에 몰입하는 것이 더 나은 결과를 가져올 수 있다.

이는 마치 퍼즐을 풀 때 너무 집중하다가 오히려 답이 보이지 않는 것과 같다. 잠시 산책을 하거나 음악을 듣는 동안 무의식이 자연스럽게 문제를 재구성하고, 예상치 못한 통찰을 제공하는 경우가 있다. 많은 과학적 발견과 예술적 영감이 이러한 순간에 찾아왔다는 것은 결코 우연이 아니다.

세 번째로 중요한 것은 몸과 감정의 신호다. 직관은 종종 이성적 판단에 앞서 미묘한 신체 감각이나 감정으로 나타난다. 중요한 결정 앞에서 느끼는 설명할 수 없는 불편함이나 특정 선택에 대한 강한 끌림은 수년간의 경험이 압축된 직관적 신호일 가능성이 크다.

이러한 신호들은 논리적으로 설명되지 않지만, 많은 경우 좋은 판단으로 이어진다. 숙련된 투자자가 특정 투자 기회에 대해 느끼는 본능적인 경계심이나, 베테랑 기자가 특종 앞에서 느끼는 직감적 확신이 여기에 해당한다. 내 몸의 이러한 신호들을 무시하지 않고 경청하는 습관을 기르는 것이 중요하다.

직관은 머리가 아니라 몸과 감정, 무의식이 함께 만들어내는 복잡한 체계다. AI가 데이터를 기반으로 계산과 예측을 하는 동안, 인간은 직관을 통해 예측 불가능한 창조성을 발휘하며 새로운 가치를 만들어낼 수 있다.

직관을 신뢰하고 발전시키는 것은 AI 시대를 살아가는 인간의 본질적 가치를 재확인하는 과정이기도 하다. 기계의 정확성과 효율성이 지배하는 시대일수록, 인간의 불완전하지만 창조적인 직관이 더욱 빛을 발할 것이다.

# 경험의
# 깊이가
# 만드는

# 차별화

---

## 쓸모없는 경험은 없다

다양한 경험은 창의력과 문제해결력을 향상시키는 바탕이 된다. AI가 방대한 정보를 처리하고 분석할 수 있지만, 창의적인 통찰과 복잡한 문제에 대한 해결책은 여전히 인간의 고유한 경험에서 비롯된다. 특히 별반 중요하지 않다고 여기던 경험이 예상치 못한 순간에 독특한 경쟁력이 되는 경우가 많다.

스티브 잡스는 대학 시절 수강한 서예 수업이 애플의 혁신적인 디자인 철학에 큰 영향을 미쳤다고 밝힌 바 있다. 당시에는 실용성이 없어 보이는 수업이었지만, 수년 후 매킨토시 컴퓨터를 개발하면서 서예에서 배운 균형감과 조화로운 미적 감각이 큰 자산이 되었던 것이다.

톰 포드(Tom Ford)와 이세이 미야케(Issey Miyake)의 사례도 주목할 만하다. 세계적인 패션 디자이너 톰 포드는 건축을 공부하며 배운 구조적 사고방식을 패션에 접목했다. 건물의 구조적 원리를 의상 디자인에 적용해 인체의 골격을 따라 완벽한 실루엣을 만들어내는 것이 그의 특징이 되었다. 이세이 미야케 역시 그래픽 디자인을 전공한 경험을 바탕으로 기하학적 패턴과 구조적 디자인 원리를 의상에 접목해 플리츠 플리즈(Pleats Please) 같은 혁신적인 컬렉션을 탄생시켰다.

내 경우에도 예고 시절 동양화 전공을 통해 익힌 붓과 먹의 기법이 훗날 미국 유학 시절 디자인 작업의 독특한 개성이 되어주었다. 교수들은 전통적 기법을 현대 디자인에 창의적으로 접목한 시도를 높이 평가했고, 이는 나만의 차별화된 강점이 되었다. 지금도 디자인과 기술을 다룰 때 동양화에서 배운 여백의 미학과 자연스러운 흐름을 살리는 감각 그리고 본질을 포착하고 불필요한 것은 과감히 생략하는 접근 방식이 문제해결에 큰 도움이 되고 있다.

중요한 것은 경험 자체가 아니라, 그 경험을 자신만의 관점에서 해석하고 연결하는 능력이다. 당장은 무의미해 보이는 경험이라도, 시간이 흘러 돌이켜보면 그것이 자신을 성장시키고 새로운 기회를 만들어낸 소중한 자산이었음을 깨닫게 된다.

AI 시대에 인간만이 가진 고유한 강점은 바로 이러한 다양한 경험에서 우러나오는 창의성에 있다. 단순한 정보의 처리를 넘어, 서로 무관해 보이는 아이디어를 결합하고 재해석하는 과정에서 혁신이 탄생하기 때문이다.

그런 의미에서 삶의 모든 경험은 고유한 가치를 지닌 퍼즐 조각과 같다. 그 조각들을 어떻게 배치하고 연결하느냐에 따라 완성되는 그림이 달라진다.

모든 경험에는 잠재적 가치가 있다. 각기 다른 시간과 공간에서 쌓은 경험들이 새로운 맥락에서 만나 창의적 혁신으로 이어진다. 이러한 경험의 가치를 인식하고 새로운 관점에서 재해석하는 능력이야말로 AI 시대를 이끌어갈 핵심 역량이 될 것이다.


## 기술에 의미를 불어넣는 법


경험은 우리를 변화시키는 강력한 도구다. 새로운 상황에 부딪히면 우리는 기존의 사고방식과 가치관을 자연스럽게 재평가한다. 낯선 환경에 놓이면서 자연스럽게 기존의 편견이나 고정관념에서 벗어나게 되는 것이다.

이 과정에서 세상을 바라보는 새로운 시각이 생기고, 사고는 더욱 유연해진다. 익숙함에서 벗어나 새로운 것을 경험할 때마다 우리는 한 걸음 더 성장하며, 세상을 더 폭넓고 깊이 있게 이해할 수 있게 되는 것이다.

예를 들어 다양한 문화권의 사람들과 협업하는 글로벌 프로젝트에 참여하면, 자연스럽게 문화적 차이를 이해하고 존중하는 자세를 배울 수 있다. 의사소통 방식이나 업무 스타일의 차이를 경험하면서, 우리는 다양성의 가치를 깨닫고 더 포용적인 시각을 갖게 된다. 이러한 경험은 글로벌 시대를 살아가는 현대인에게 필수적인 역량을 기를 수 있는 소중한 기회가 된다.

또한 새로운 경험은 자기반성의 계기를 제공한다. 우리는 그 경험을 기존의 지식과 비교하면서 생각과 행동을 재평가하게 되고, 그 과정에서 한계를 인식하며 성장할 동기를 얻는다. 일례로 첨단 기술 기업에서 인턴십을 하면서 최신 트렌드와 혁신적인 업무 방식을 접하게 될 때, 이는 자신의 역량을 객관적으로 점검하고 개선 방향을 모색할 수 있는 기회로 작용한다. 그 경험을 통해 부족한 부분을 인식하고, 지식과 기술을 습득하려는 의지가 생기는 것이다.

새로운 경험은 우리에게 도전 과제를 선사하지만, 동시에 성장의 기회를 제공한다. 때로는 그 과정에서 예상치 못한 난관에 부딪히기도 한다. 그러나 그 순간이 바로 우리의 한계를 극복할 수 있는 전환점이 된다. 스타트업에서 신규 사업을 기획하고 추진하는 과정이 단적인 예다. 자금 조달, 시장 검증, 팀 빌딩 등 수

많은 어려움이 뒤따르지만, 그 경험 자체가 성장을 위한 자양분이 된다. 실패를 두려워하지 않고 맞서는 도전 정신, 위기를 기회로 바꾸는 유연한 사고, 열정을 바탕으로 사람을 이끄는 리더십 등은 모두 이러한 경험을 통해 단련되는 것이다.

경험의 진정한 가치는 그 깊이에서 비롯된다. 깊이 있는 경험은 단순한 체험을 넘어 우리의 내면을 변화시키는 촉매제가 된다. 사회문제 해결을 위한 프로젝트나 재능기부 활동 등에 참여하는 것은 세상을 바라보는 관점 자체를 변화시킨다. 사회 구성원으로서의 책임감, 공동체 의식은 이런 경험을 통해 자라난다. 그 과정에서 우리는 삶의 가치와 진정한 보람이 무엇인지를 깨닫게 된다.

특히 AI 시대에는 이러한 깊이 있는 경험의 중요성이 더욱 부각된다. 기술의 발전으로 우리는 엄청난 양의 데이터와 정보를 손쉽게 얻을 수 있게 되었다. 그러나 이러한 정보를 어떻게 해석하고 활용할 것인가는 전적으로 인간의 몫이다. 다양한 경험을 통해 축적된 통찰력과 가치관이 있어야만, 인공지능이 제공하는 데이터를 의미 있는 방향으로 연결하고 새로운 가치를 창출해낼 수 있다.

혁신 기업들이 인재를 채용할 때 학벌이나 전공보다 문제해결 경험을 중시하는 이유가 바로 여기에 있다. 낯선 도전 앞에서 좌절하지 않고 창의적 해법을 모색하는 능력, 구성원 간 이해관계를 조율하며 협력을 이끌어내는 리더십, 불확실한 상황에서 기민하게 대처하는 위기관리 능력 등은 결국 다양한 경험에서 비롯되기 때문이다. 다양한 경험은 AI와 협업할 때 기술을 의미 있게 활용하고 혁신을 선도할 수 있는 원동력이 되어준다.

그런 의미에서 경험은 AI 시대를 살아가는 우리에게 가장 중요한 자산이 될 것이다. 다양하고 깊이 있는 경험의 축적이야말로 AI라는 강력한 도구에 생명을 불어넣고, 기술을 인간 중심적 가치 실현의 촉매제로 활용하는 근간이다. 경험을 통해 기술의 한계를 뛰어넘고 창의적 통찰을 이끌어내는 일, 그것이 바로 AI 시대에 우리에게 주어진 과제이자 기회다.

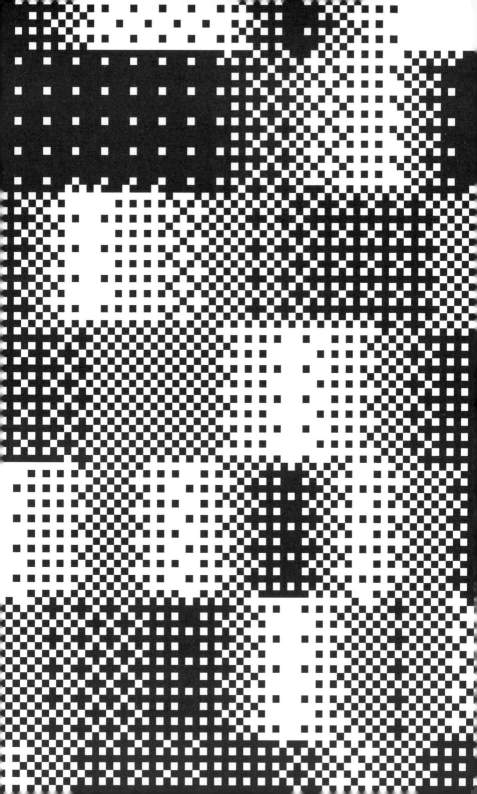

**II.**

당연해 보이는 것에
의문을 제기하라:
크리티컬 씽킹

불편과 의문은 혁신을 위한 첫걸음이다. 당연하게 여기는 것에 의문을 제기할 때, 불편을 그저 참고 넘어가는 대신 개선하려 노력할 때, 새로운 가능성을 발견할 수 있다. 스마트 TV의 복잡한 인터페이스부터 원하는 정보를 찾기 위해 여러번 검색어를 바꿔야 하는 불편까지, 우리가 마주하는 모든 불편은 더 나은 길을 찾아나가는 원동력이 된다.

이 장에서는 혁신을 만드는 '크리티컬 씽킹'의 힘을 탐구한다. 당연해 보이는 것들 속에 숨겨진 문제를 발견하고, 그것을 해결하기 위해 사고의 범위를 확장하는 방법을 살펴본다.

크리티컬 씽킹은 단순한 비판이 아닌, 가능성을 현실로 바꾸는 힘이다. 기존의 틀을 벗어나 새로운 관점에서 문제를 바라보고, '만약에~'라는 질문을 통해 사고의 지평을 넓힐 때 우리는 진정한 혁신의 길을 발견할 수 있다. 불편을 해소하려는 노력과 비판적 사고의 결합은 우리를 더 나은 미래로 이끄는 나침반이 될 것이다.

# 도전적 과제를
# 해결하는

# 크리티컬
# 씽킹

---

## 비판적 사고가 만들어낸 창의의 순간들

미국에서 학부를 마친 나는 영국으로 건너가 영국 왕립예술대학
(Royal College of Art, RCA) 대학원에 들어갔다. 예술 전문대학인 왕
립예술대학은 미술, 디자인, 건축, 패션 등 시각 문화 전반에 걸쳐
명성이 높아 이 분야의 지망생들에겐 크리에이티브 씬의 핵심 허
브로 여겨지는 곳이다.

　첫 학기가 시작되었을 때, 나는 책에서나 보던 유명한 교수들
의 존재에 매료되었다. 이론이나 책으로만 접하던 그들의 생각과
철학을 직접 들을 수 있다는 사실에 설렜다.

　시간이 지나면서 내 지도 교수였던 앤서니 던(Anthony Dunne)

의 독특한 교육 방식을 발견하게 되었다. 교수님은 자신의 의견과 다른 생각을 가진 학생들에게 놀라울 정도로 열린 태도를 보였다. 다른 견해를 비난하기는커녕, 오히려 깊은 관심을 보이며 남다른 관점 자체를 가치 있게 여겼다. 가르친 내용이나 피드백을 준 방향으로 따라 하는 것보다 각자의 방식으로 사고하고 표현하는 것이 더 중요하다는 것을 은연중에 깨우쳐줬던 것이다. 무언가를 일방적으로 습득하기보다 비판적 사고를 통해 스스로 성장할 수 있도록 학생들에게 자유로운 환경을 제공하는 것이 그의 교육 철학이었다.

학생들의 태도 역시 나와는 사뭇 달랐다. 그들은 교수님의 의견을 존중하면서도 자신만의 관점을 발전시켜 나갔다. 교수님의 피드백은 하나의 영감이자 시작점으로 여기며, 그것을 바탕으로 자신만의 독창적인 해석과 방향성을 찾아갔다. 처음에는 교수님의 제안과 다른 방향으로 작업을 전개하는 학우들을 보며 당황했지만, 점차 그들의 자유로운 사고방식이 만들어내는 혁신적인 결과물들에 깊은 인상을 받았다. 그들은 아무리 명성이 높은 학자의 이야기라도 무조건적으로 받아들이지 않았고, 자신의 생각과 방법을 우선시하는 것을 당연하게 여겼다.

그들에게 수업은 아이디어를 발전시키는 대화의 장이었다. 그들은 모든 정보와 피드백을 비판적으로 분석하고 재해석했다. 스승의 인사이트를 기반으로 자신만의 해석을 더하고, 그것을 독창적인 작업으로 발전시키는 과정에서 자연스럽게 자신만의 비판적 사고를 실천하고 있었다.

대학원 시절에 만난 독일인 친구 마커스 카이저(Markus Kayser)의 '솔라 신터(Solar Sinter)' 프로젝트가 아직도 인상 깊다. 그는 3D 프린팅에 몰두했는데, 교수나 동료들도 그의 시도를 의아하게 봤다. 나였다면 주변의 시선 때문에 포기했을지 모른다.

하지만 그는 자신의 비전을 굳건히 밀고 나갔다. 그는 여름방학 동안 사하라 사막을 다녀온 후, 햇빛을 모으는 돋보기의 원리로 모래를 녹여 3D 프린팅 기계를 개발했다. 이 독특한 프린터로 사하라 사막의 모래를 재료 삼아 오브제를 만들어냈다. 완성물은 거칠었지만, 이는 새로운 제작 방식의 시작점이었다. 에너지 생산과 원자재 부족이 화두가 된 시대에 이 프로젝트는 제조업의 미래와 태양 에너지의 무한한 가능성을 제시했다. 실험적이지만 사고의 전환점을 제공했다고 할 수 있다.

같은 시기에 알게 된 스웨덴 친구 안톤 알바레스(Anton Alvarez)도 가구 제작에 혁신적인 방법을 도입했다. 그는 전통적인 결합 방식 대신, 실과 접착제를 활용한 '스레드 래핑 머신(The Thread Wrapping Machine)'을 개발했다. 이 기계는 회전하며 설탕 실을 뽑는 솜사탕 기계처럼, 네 개의 실과 접착제를 동시에 회전해 분사해 목재를 연결한다. 구조적 한계는 있었지만, 다채로운 실과 목재의 조합으로 독창적인 미학을 창조했다.

**사하라 사막의 무한한 자원인 태양열과 모래를 활용한 '솔라 신터' 프로젝트**

자연의 원리를 응용해 돋보기로 태양열을 집중시켜 모래를 녹이고 층층이 쌓아 오
브제를 만들어내는 과정은 지속 가능한 제조업의 가능성을 제시한다. 거친 질감의
결과물은 자연과 기술의 경계를 허무는 동시에, 기후 위기에 대응하는 새로운 생
산 방식을 고민하게 한다. ⓒ마커스 카이저

**전통적 가구 제작의 틀을 깨고 새로운 결합 방식을 제시한 '스레드 래핑 머신'**

회전하는 기계 장치가 실과 접착제를 동시에 분사하며 목재를 감싸 연결하는 과정은 마치 솜사탕이 만들어지듯 섬세하고 우아하다. 다양한 색상의 실과 목재가 만들어내는 예상치 못한 조화는 가구 디자인의 새로운 미학을 창조한다. 구조적 한계에도 불구하고, 이 도전적 시도는 공예와 기계의 경계를 넘나들며 디자인의 무한한 가능성을 보여준다. ⓒ안톤 알바레스

그의 실험적 시도는 가구 디자인의 새로운 가능성을 보여주었다. 이런 실험적 시도들은 기존 방식의 한계를 넘어서는 과정이다. 초기에는 완성도나 실용성이 부족해 보일 수 있지만, 이러한 도전이 발전의 토대가 된다. 실제로 많은 독창적 시도가 처음에는 잘 받아들여지지 않지만, 시간이 지나며 새로운 기준이 되곤 한다.

왕립예술대학에서는 비판적 사고의 본질이 무엇인지 알 수 있었다. 이는 주어진 상황을 다각도로 분석하고, 고정관념에 의문을 제기하며, 새로운 관점을 수용하는 자세다. 더 나아가 기존의 틀을 벗어나 창의적인 해결책을 찾아내는 능력이기도 하다.

현대 사회에서는 폭발적으로 증가하는 정보를 주체적으로 해석하고 재구성하는 능력이 필수가 되었다. 빠르게 변화하는 환경에서 기존의 답안만으로는 충분하지 않다. 특히 창의 분야에서는 이러한 사고방식이 변화의 원동력이 되며, 새로운 가능성을 끊임없이 탐구하게 한다.


## 더 나은 결정을 위한 크리티컬 씽킹 실천법

비판적 사고는 '가능성을 현실로 바꾸는 힘'이다. 모래 오브젝트나 실로 엮은 가구는 단순한 실험이 아닌, 미래를 선도할 패러다임의 시작이다. 이러한 사고는 예술과 디자인을 넘어 사회 전반의 문제해결에 새로운 시각을 제시한다.

'왜 이런 생각을 하는가?'라는 본질적 의문은 '왜 우리는 이런 생각을 하지 못하는가?'라는 성찰로 이어진다. 왕립예술대학에서 나는 한국 교육에서 접하기 힘든 깨달음을 얻었다. 기존의 한계를 넘어서는 사고방식과 이를 인정하고 지지하는 교육 환경의 중요성을 절실히 느끼게 된 것이다. 이는 교육 방식의 차이를 넘어 창의성과 혁신에 대한 근본적인 시각 차이를 보여주는 경험이었다.

UX(User Experience) 디자인을 예로 들어보자. 사용자의 편의성을 높이면서도 자연스러운 체류 시간 증가를 이끌어내기 위해 우리의 결정이 사용자 경험에 미치는 영향을 명확히 인식해야 한다. 사용자의 행동 패턴과 니즈를 깊이 분석해 사용 경험을 개선하는 것은 디자인의 본질적 가치를 끊임없이 고민하는 과정이다.

이 과정에서 디자이너는 단순 실행자가 아닌 창의적 주체로서 자신의 가치와 방향성을 고민하게 된다. 이는 기술이나 작업이 인간에게 지니는 의미를 깊이 있게 탐구하는 구체적 사고 과정이다. 주어진 정보를 그대로 수용하는 대신, 본질을 분석하고 재해석해 더 나은 판단을 내릴 수 있게 한다.

'이 디자인이 누구를 위한 것이며, 왜 필요한가?'라는 질문을 끊임없이 던지며, 작업의 근본적인 목적을 놓치지 않으려 노력한다. 이러한 질문은 더 나은 결과물을 만드는 기반이 되며, 프로젝트의 방향성을 명확하게 만든다.

이러한 접근은 개발자나 기획자가 놓칠 수 있는 부분을 발견하고, 새로운 관점을 제시한다. 예를 들어 회사의 이익과 사용자 편의가 상충할 때, 결정의 근거를 명확히 하고 잠재적 문제에 대비할 수 있다.

비판적 사고는 문제의 본질을 파악하고 더 나은 해결책을 찾는 능력이다. 이는 디자인뿐 아니라 모든 분야에서 창의성과 리더십 발휘에 반드시 필요하며 조직 전체의 성장을 이끈다. 이러한 사고방식은 기존의 관행을 무비판적으로 수용하지 않고, 끊임없이 더 나은 방법을 모색하게 한다. 또한 이러한 가치는 개인의 성장을 넘어 조직과 사회 혁신의 원동력이 된다. 새로운 가능성을 탐구하는 자세야말로 진정한 발전을 이끄는 힘이다.

# 혁신은

# 불편에서
# 시작된다

---

## 불편에서 피어난 혁신의 꽃

인류의 역사를 돌아보면 우리는 끊임없이 불편과 싸워왔다. 다른 관점에서 보면 불편한 느낌은 다른 말로 하면 우리의 삶을 개선하고 발전시키려는 근본적인 욕구의 표현이다.

우리가 지금 누리고 있는 모든 기술과 혁신의 이면에는 불편을 해결하고자 하는 열망이 자리한다. 스마트폰의 지문 인식이나 얼굴 인식 기술은 번거로운 비밀번호 입력의 불편을 해소하면서도 보안성을 높인 좋은 예다. 이처럼 크고 작은 기술의 발전은 불편을 개선하려는 노력에서 비롯되었다.

특히 일상의 불편을 해소하기 위한 노력은 기술 발전의 강력한 추진력이 되어왔다. 그런 의미에서 우리가 마주하는 모든 불편은 장애물이라기 보다 발전의 기회이자 혁신의 원동력이다. 문제의식을 느끼고 그것을 해결하려고 애쓰는 과정에서 창의성이 발현되고, 시행착오를 반복하면서 새로운 기술과 그로 인한 가치가 만들어진다.

이러한 사용자 경험 개선의 과정을 잘 보여주는 사례가 바로 스마트 TV 인터랙션 프로젝트다. 삼성전자에서 진행한 이 프로젝트를 통해 나는 사용자의 불편이 기술 발전을 이끄는 핵심 동력임을 깨달았다.

예전의 TV는 몇 개의 채널만 있었기에 리모컨으로 간단히 조작할 수 있었다. 하지만 케이블 TV의 등장으로 채널이 급증하고, 스마트 TV로 진화하면서 유튜브, 넷플릭스 등 인터넷을 통해 볼 수 있는 TV 서비스까지 더해지자, 기존의 버튼식 리모컨으로는 이 복잡한 기능들을 제어하는 데 한계가 왔다.

이를 해결하기 위한 시도는 리모컨에 더 많은 버튼을 추가하는 것이었다. 하지만 이는 오히려 사용자 경험을 악화시켰다. 고민 끝에 버튼 기능을 TV 화면의 UI(User Interface)로 옮기고, 리모컨에는 터치패드를 넣어 화면을 조작하는 방식을 도입했다. 그러나 작은 터치패드로 복잡한 UI를 조작하는 것은 여전히 불편했고, 화면을 자주 가리는 문제도 있었다.

다음 단계로 음성 인식 기술을 도입했다. "유재석 나오는 콘텐츠 찾아줘" "최신 영화 찾아줘" 같은 기본적인 음성 명령 인식은 가능했지만, 당시 자연어 처리 기술의 한계로 완벽한 해결책이 되지는 못했다.

제스처 인식은 또 다른 혁신적 시도였다. TV에 부착된 카메라가 사용자의 동작을 인식해 채널을 바꾸거나 UI를 제어할 수 있게 했다. 하지만 팔 전체를 움직여야 하는 동작은 사용자에게 빠른 피로감을 주었다. 이를 개선한 손가락 제스처 인식은 좀 더 섬세한 제어가 가능했지만, 조명이 어두우면 인식률이 떨어지는 등의 기술적 한계가 있었다.

이러한 시행착오를 거쳐 도달한 해결책은 역설적으로 가장 기본적인 도구인 리모컨을 다시 생각하는 것이었다. 스크린이 내장된 스마트 리모컨은 TV와 사용자 사이의 중재자 역할을 했다. 사용자는 리모컨에서 먼저 콘텐츠나 기능을 선택하고, TV는 시청 경험에만 온전히 집중할 수 있게 된 것이다.

이 과정에서 발견한 깨달음은 혁신이 반드시 첨단 기술에서 시작되는 것은 아니라는 점이다. 진정한 혁신은 사용자의 불편을 깊이 이해하고, 그것을 해결하려는 끊임없는 시도에서 시작된다. 불편은 그 자체로 해결해야 할 과제인 동시에 기술 발전의 방향을 제시하는 나침반인 셈이다.

# 네이버 검색의 혁신적 진화

비슷한 사례는 네이버 검색의 진화에서도 볼 수 있다. 네이버는 1998년 처음 포털 서비스를 출시하면서 검색 기능을 제공했다. 당시 인터넷 검색 기술은 단순히 특정 단어를 포함한 웹사이트 주소를 나열하는 웹 카탈로그 방식에 머물러 있었다. 예를 들어 캠핑을 검색하면 'goodcamping.com' 'bestcamping.net'과 같은 관련 웹사이트 목록이 제공되는 수준이었다. 원하는 정보를 얻기 위해서는 끊임없이 웹페이지를 방문하며 검색에 많은 시간을 들여야 했다.

2000년대 초반부터 뉴스와 커뮤니티 콘텐츠를 제공하며 일일이 웹사이트를 방문하지 않고도 핵심 정보를 확인할 수 있는 통합 검색을 도입했다. 이후 웹 2.0 기술이 발전하면서 사용자들이 직접 정보를 생성하고 공유할 수 있는 환경이 마련되자, 네이버는 지식iN, 블로그, 카페 등 자사 서비스에서 작성된 후기와 답변을 검색 결과에 포함시켰다.

객관적인 정답을 제공하는 구글과는 달리, 네이버는 사용자의 경험을 반영한 정보를 강조했다. 맛이나 서비스 등 주관적인 요소는 기존의 정형화된 검색 방식으로는 얻기 어려운 정보였지만, 다른 사용자의 경험이 새로운 사용자에게 중요한 판단 기준이 될 수 있었다. 이는 사람들이 남들은 어떻게 생각하는지, 어떤 선택을 했는지를 궁금해하는 심리를 잘 반영한 결과였다. 결국 검색은 단순히 정답을 찾는 과정이 아니라, 실생활에서 궁금증을 해결하고 더 나은 결정을 내리기 위한 도구로 발전해왔다.

네이버의 AI 기반 검색 서비스인 '큐:(Cue:)'의 개발 과정에서도 사용자 중심의 접근이 중요한 역할을 했다. 기존 키워드 기반 검색은 사용자의 복잡한 요구를 정확히 이해하기 어려웠다. 예를 들어 머릿속으로는 '북유럽 스타일의 미니멀한 디자인의 테이블 조명을 사고 싶은데, 20만 원 이하의 오늘 배송이 가능한 제품이면 좋겠다'라고 생각하면서, 막상 검색할 때는 '북유럽 테이블 조명' 혹은 '20만 원대 조명'이라고 여러 번 검색어를 바꿔가며 원하는 정보를 찾아야 했다. 원하는 결과를 얻기까지 여러 차례 검색을 반복해야 했고, 각각의 검색 결과를 비교하며 시간을 들여야 했다.

이 문제를 해결하기 위해 네이버는 대규모 언어 모델(Large Language Model, LLM)에 검색 데이터 API(Application Programming Interface)를 연결해, 사용자의 복잡한 의도를 한 번의 질문으로 이해하고 최적의 정보를 종합적으로 제공할 수 있도록 설계했다. 이제 사용자는 "북유럽 스타일의 오늘 배송 가능한 20만 원 이하 테이블 조명 찾아줘"처럼 머릿속의 생각을 그대로 검색할 수 있다. AI는 이를 분석해 '북유럽 스타일 테이블 조명' '20만 원 이하 테이블 조명' '오늘 배송 가능한 테이블 조명'으로 동시에 검색한

**생성형 AI 기반 검색 서비스인 네이버 큐:를 활용한 검색 예시**

사용자의 복잡한 의도를 자연어로 표현하면, AI가 맥락을 이해하고 최적의 정보를 종합적으로 제공한다. '북유럽 스타일의 오늘 배송 가능한 20만 원 이하 테이블 조명'과 같은 구체적인 조건도 한 번의 검색으로 해결하는 직관적인 검색 경험은 사용자의 불편을 해소하려는 노력이 만들어낸 혁신의 결과다. ⓒ네이버

뒤, 질문의 맥락을 파악해 최적의 정보를 요약해 제공한다. 이처럼 검색 과정이 단순해지고 효율성이 극대화되면서 사용자는 원하는 정보를 더 빠르고 정확하게 얻을 수 있게 되었다.

지난 20여 년 동안 검색 경험을 개선하기 위해 무수한 시행착오가 있었지만, 핵심은 언제나 사용자의 불편을 줄이는 데 있었다. 여러 번의 실패를 거치며 사용자의 입장에서 문제를 해결하는 방법을 배웠고, 그 과정에서 더 직관적이고 쉽게 사용할 수 있는 검색 서비스를 만들어낼 수 있었다. 이는 기능 개선을 넘어 기술이 실제 사용자의 일상에 어떤 변화를 가져올 수 있는지를 명확히 찾아가는 과정이었다. 검색 만족도가 크게 향상되고 원하는 정보를 찾기까지 걸리는 시간이 단축된 것은 결국 사용자의 불편을 해결하려는 노력이 만들어낸 변화였다.

불편에 대한 자각에서 비롯된 문제의식은 혁신의 결정적인 계기가 된다. 서버와 저장 장치의 한계를 해결하려는 노력에서 클라우드 기술이 탄생했고, 이어폰 줄이 엉키는 불편이 무선 이어폰 개발로 이어졌다. 이처럼 일상의 작은 불편을 해결하려는 과정에서 완전히 새로운 방식의 기술혁신이 이뤄진다. 불편함은 단순한 장애물이 아니라 새로운 가능성을 발견할 수 있는 기회다. 이를 극복하려는 노력 속에서 진정한 혁신이 탄생한다.

# 일상 속 작은 문제들에 질문하라

역사적으로 혁신적인 발명은 사용자의 불편을 해소하려는 노력에서 비롯된 경우가 많다. 먼 거리를 빠르고 편리하게 이동하고자 하는 욕구는 자동차라는 혁신적인 교통수단의 발명으로 이어졌다. 우편과 전화로만 가능했던 제한적인 의사소통은 이메일, SNS, 화상통화 같은 인터넷 기반의 실시간 소통 기술로 발전하며 시공간의 제약을 극복했다.

금융, 유통, 콘텐츠, 의료 등 다양한 산업에서 역시 불편을 해결하려는 시도들이 혁신을 만들어왔다. 토스는 금융 서비스를 이용할 때 발생하는 복잡한 절차를 단순화하기 위해 탄생했다. 초기에는 공인인증서 없이 간편 송금을 제공하는 서비스로 시작했으며, 이후 계좌 조회, 신용 관리, 투자 서비스 등 다양한 금융 기능을 통합해 사용자 편의성을 극대화한 종합 금융 플랫폼으로 발전했다. 기존의 복잡한 금융 절차를 대체하며 여러 금융 서비스를 한곳에서 간편하게 이용할 수 있도록 변화시킨 것이 핵심이다.

배달의민족 역시 매번 전화로 주문해야 하는 번거로움을 해결하려는 과정에서 탄생했다. 전화로 메뉴를 묻고 주문을 반복하는 기존 방식이 불편했던 사용자를 위해, 앱을 통해 간편하게 메뉴를 선택하고 주문할 수 있도록 변화시킨 것이다.

콘텐츠 소비 방식에서도 유사한 혁신이 일어났다. 과거에는 영화를 보기 위해 DVD를 직접 대여해야 했고, 기한 내 반납하지 않으면 연체료를 부담해야 했다. 넷플릭스는 이 불편을 해결하기 위해 DVD 대여 서비스를 온라인으로 전환했고, 나아가 원하는 시간에 원하는 콘텐츠를 즉시 볼 수 있는 온디맨드 스트리밍(On-Demand Streaming) 서비스로 발전했다. 사용자들이 시간과 장소에 구애받지 않고 보고 싶은 콘텐츠를 자유롭게 시청할 수 있도록 한 것이 넷플릭스 성공의 핵심이었다.

의료 분야에서도 불편을 줄이려는 시도는 끊임없이 이뤄졌다. 다빈치 로봇 수술은 외과 수술 시 큰 절개와 긴 회복 기간의 부담을 줄이기 위해 개발되었으며, 최소 절개로 정밀한 수술이 가능하게 만들어 환자의 회복 시간을 획기적으로 단축했다. 또한 MRI 영상을 AI로 분석해 초기 암을 발견하는 기술이나 착용할 수 있는 웨어러블(Wearable) 기기를 활용한 실시간 심전도 모니터링 시스템은 조기 진단과 예방 의료의 가능성을 확대하며 의료 혁신을 이끌고 있다.

전자상거래의 발전 역시 사용자의 불편을 해결하려는 과정에서 이뤄졌다. 쿠팡의 로켓배송은 단순한 온라인 쇼핑을 넘어, 사용자가 긴 배송 시간을 기다려야 하는 번거로움을 해결하기 위해 등장했다. 마켓컬리의 새벽배송 역시 신선식품을 원하는 시간에 받을 수 있도록 해 기존 유통 방식의 한계를 극복한 사례다.

이처럼 우리가 지금 누리고 있는 편리한 삶은 결국 불편을 해결하려는 노력이 만들어낸 결과다. 불편은 현재 시스템의 문제점을 보여주는 신호이며, 이를 해결하는 과정에서 새로운 접근 방식이 필요하다. 기존 방식의 한계를 뛰어넘는 시도가 곧 혁신적인 해결책을 만들어낸다.

생성형 AI와 같은 최신 기술이 빠르게 발전하는 지금, 이러한 접근 방식은 더욱 중요해지고 있다. 기술 발전은 또 다른 문제와 불편을 낳기 마련이며, 이를 정확히 파악하고 적절히 대응하는 능력이 성장의 동력이 된다. 단순히 문제를 회피하는 것이 아니라, 그 속에서 기회를 발견하고 혁신을 만들어내는 것이 중요하다. 불편은 종종 시장의 요구를 반영하며, 이를 해결하는 과정에서 기술 발전과 새로운 비즈니스 기회가 생겨난다.

# 기술이
# 아닌

# 사람에
# 집중하라

---

## 첨단 기술이 만들어낸 어두운 이면

미래를 떠올리면 어떤 단어가 떠오르는가? 아마도 인공지능, 로봇, 유전자 기술과 같은 최첨단 과학기술이 먼저 떠오를 것이다. 우리는 이러한 기술이 일상에서 어떻게 작용할지, 경제와 사회에 어떤 영향을 미칠지 고민한다. 하지만 기술 중심의 미래 예측에는 한계가 있다. 인공지능이 발전하면 생활이 편리해지고, 기존 일자리가 사라지며, 새로운 직업이 생길 것이라는 단편적인 전망에 그치기 쉽다.

기술 발전이 경제와 산업에 미치는 영향을 분석하는 것도 중요하지만, 그것만으로는 부족하다. 더 중요한 것은 이러한 기술이 인간의 가치관과 삶의 방식에 어떤 변화를 가져오는지 깊이 성찰하는 것이다. 결국 '기술이 얼마나 유용한가'를 넘어 그 기술이 우리의 경험, 감정, 관계, 사회 구조를 어떻게 바꾸는지 고민해야 한다.

〈가타카(Gattaca)〉는 이러한 고민을 현실적으로 그려낸 영화다. 유전 공학이 사회 구조를 결정하는 미래를 배경으로, 출생 시 유전자 분석을 통해 개인의 가능성과 사회적 지위가 결정된다. 유전자 조작을 통해 태어난 사람들은 우월한 능력을 갖춘 데 반해 자연 출생한 사람들은 차별받으며 제한된 기회만을 허용받는다. 주인공 빈센트 프리먼은 유전자 조작 없이 자연 임신으로 태어나 유전적 결함을 지녔으며, 기대 수명이 30.2세로 짧았다. 그는 어릴 때부터 우주비행사를 꿈꾸었지만, 유전적인 한계로 인해 기회조차 얻지 못한다.

그러나 빈센트는 포기하지 않고 유전적으로 완벽한 제롬 모로우의 신분을 빌려 우주센터에 입사한다. 제롬은 사고로 하반신이 마비되었지만, 그의 유전자 정보만큼은 사회가 요구하는 기준에 부합했다. 빈센트는 그의 생체 정보를 이용해 철저한 유전자 검사를 통과하고 자신의 꿈을 향해 나아간다. 영화는 '유전자 결정론이 인간의 가치를 규정할 수 있는가?'라는 질문을 던지며, 결국 인간의 가치는 유전자나 외적 조건이 아니라 의지와 노력에 있다는 메시지를 강조한다.

오늘날 유전자 편집 기술의 발전은 영화 속 세계를 현실로 만들고 있다. 크리스퍼(Clustered Regularly Interspaced Short Palindromic Repeats, CRISPR) 유전자 가위 기술을 통해 특정 유전자를 편집하는 것이 가능해지면서 질병 예방과 치료의 길이 열렸지만, 동시에 맞춤형 아기(Designer Baby)의 개념이 현실화되면서 윤리적 논쟁도 본격화되고 있다.

유전자 개입이 신체적 특성, 지능, 외모까지 결정할 수 있는 수준으로 발전하게 되면, 결국 사회적·경제적 격차에 따라 특정 계층만이 우월한 유전자를 선택할 수 있는 사회가 형성될 위험이 있다. 이는 자연 출생한 이들과의 차별을 심화시키고, 유전자 정보가 계층을 나누는 기준이 되어 사회적 불평등이 유전자 수준에서 고착화될 가능성도 배제할 수 없다.

기술은 언제나 혜택과 위험을 동시에 내포한다. 우리는 새로운 기술이 등장할 때, 그것이 가져올 긍정적인 변화에만 집중하는 경향이 있다. 하지만 기술 발전이 인류의 진보로 이어지기 위해서는, 그것이 모든 인간의 존엄성을 존중하고 평등한 기회를 보장하는 방향으로 나아가야 한다. 그렇지 않다면 기술이 인류를 위한 혁신이 아니라 특정 계층만의 특권이 되는 위험한 미래를 마주하게 될지도 모른다.

## 혁신에 가려진 본질을 꿰뚫는 법

인공지능 기술은 우리의 일상과 업무 환경을 혁신적으로 변화시키고 있다. 실시간 언어 번역, 개인화된 콘텐츠 추천, 자동화된 고객 서비스 등 이미 일상 곳곳에서 AI가 활약하고 있다. 기업들은 인공지능을 활용해 데이터 분석을 고도화하고 업무 효율성을 높이고 있다. 하지만 이런 변화가 그저 반가운 것만은 아니다. 효율성만 추구하다가 본질을 놓치는 것은 아닌지에 대한 우려 때문이다.

내가 마이크로소프트에서 마지막으로 진행한 프로젝트는 미팅룸 AI 스피커의 UX 원칙을 수립하는 일이었다. 이 AI 스피커는 360도 전방향 카메라를 탑재해 모든 회의 참가자를 인식하고 그들의 발언을 실시간으로 기록할 수 있었다. 회의 중 누군가가 말하면 AI가 텍스트로 변환해 화면에 올려주고, "그 부분은 제가 팔로우업할게요" 같은 발언들은 정리되어 회의 종료 후 참가자들의 이메일로 발송되었다.

덕분에 참가자들은 회의 내용을 일일이 기록하지 않아도 되었고, 대화에 집중할 수 있었다. AI가 모든 것을 기록하기 때문에 잠시 다른 생각을 하다가 놓친 내용도 쉽게 확인할 수 있었다.

그러나 기술적 구현이 완벽하다고 해서 개발 과정이 순조로운 것은 아니었다. 가장 첨예한 사안은 개인의 프라이버시 문제였다.

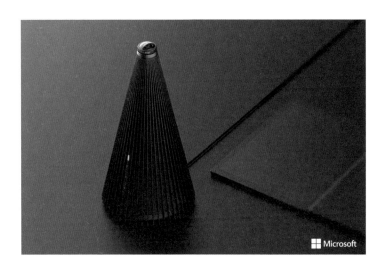

**360도 카메라로 회의 참석자를 인식하고 실시간으로 대화를 기록하는 마이크로소프트의 AI 스피커**

회의 내용을 자동으로 텍스트화하고 주요 발언을 요약해 전송하는 획기적인 기능으로 업무 효율을 높였으나, 프라이버시 보호라는 새로운 과제에 직면했다. 단순한 기능 혁신을 넘어 사용자의 프라이버시와 신뢰를 고려한 UX 설계의 중요성을 보여준 사례다. ⓒ마이크로소프트

회의실은 공적인 업무 공간을 넘어 다양한 상호작용이 일어나는 복합적 공간이다. 편하게 개인 시간을 보내거나 비공식적인 대화를 나눌 수도 있다. AI가 이러한 상호작용까지 모두 기록한다면, 이는 구성원들의 프라이버시 침해에 대한 우려로 이어질 수 있다. 따라서 참가자들에게 AI 스피커가 작동 중임을 자연스럽게 알리기 위한 직관적인 인터페이스 설계가 주요 과제였다.

가장 좋은 방법은 AI가 직접 인사하는 것이었다. 누군가 회의실에 들어오면, AI 스피커가 "헬로, ○○○"라고 인사하도록 설계했다. 사람들은 인사를 들으며 AI가 자신을 인식했다는 것을 직관적으로 인지하고, 동시에 카메라가 작동 중이라는 사실도 자연스럽게 받아들일 수 있다.

하지만 이 접근 방식은 또 다른 문제를 낳았다. 만약 화장실에 가거나 커피를 가지러 가기 위해 잠시 자리를 비웠다가 돌아올 때도 AI가 매번 인사를 해야 할까? 조용히 들어와 자리에 앉으려고 하는데, AI가 "헬로, ○○○" 하고 인사하면 다른 회의 참가자들의 집중력을 깨트릴 수도 있다. 결국 절충안으로 회의가 시작된 후에는 인사를 생략하고, 대신 화면에 '새로운 참가자가 추가되었습니다'라는 시각적 알림을 표시하는 방식으로 조정했다.

그러나 더 복잡한 문제가 있었다. 외부인이 회의에 참석할 경우, AI 스피커의 운영 방식과 민감 정보 보호에 대한 체계적인 접근이 필요했다.

만약 회의 내용이 자동으로 요약되어 참가자들의 이메일로 발송되는데, 외부인에게도 같은 정보를 보내야 할까? 이에 대한 해결책으로, 외부 참석자는 '게스트 1' '게스트 2'로 구분하고, 이메일 발송 대상에서 제외하는 방식이 고려되었다. 또한 특정 발언을 공유할 때 민감한 내용이라면 AI가 추가적인 권한 요청을 하도록 설계하는 방법도 논의되었다. 하지만 모든 문제를 완전히 해결하기에는 여전히 여러 변수가 남아 있었다.

결국 이 AI 스피커는 기술적 문제가 아니라, 프라이버시 이슈로 인해 출시가 연기되었다. AI가 회의의 생산성을 높이는 것은 분명했지만, 사람들의 사적 공간과 정보 보호를 어떻게 조화롭게 설계할 것인지에 대한 기준을 정하기 어려웠다.

기술은 점점 더 많은 문제를 해결하고 있지만, 효율성만을 추구하는 것이 반드시 좋은 방안이 될 수는 없다. AI가 인간의 편의를 돕는 것은 중요하지만, 그 과정에서 인간적인 요소와 기본적인 권리가 충분히 고려되지 않는다면, 오히려 신뢰를 잃을 수도 있다. 앞으로의 기술은 인간과의 조화를 어떻게 설계할 것인가에 대한 고민이 더욱 중요해질 것이다.

# 그럼에도 우리는 진정한 소통을 원한다

AI 기술이 발전하면서 인간과 구분하기 어려울 정도로 자연스러운 음성과 대화가 가능해졌다. 그러나 이러한 기술적 진보는 새로운 윤리적 과제를 제기한다. 인간은 본능적으로 진정성 있는 감정적 교감을 추구하며, 이는 아무리 정교한 AI라 하더라도 완벽히 대체하기 어렵다. AI가 아무리 자연스럽게 대화를 이어가더라도, 우리는 여전히 인간과의 소통을 더 선호하는 것이다.

2018년 구글 연례 개발자 콘퍼런스 구글 I/O에서 공개된 구글 듀플렉스(Google Duplex)는 이러한 딜레마를 명확히 보여주었다. 당시 구글의 CEO 순다르 피차이(Sundar Pichai)가 공개한 구글 듀플렉스는 혁신적인 AI 예약 서비스였다. 이 시스템은 실제 미용실과 레스토랑에 전화를 걸어 예약을 진행했는데, "음", "아하"와 같은 간투사를 자연스럽게 구사하며 예상치 못한 상황에서도 유연하게 대응했다. 그러나 이 시연은 윤리적 논란을 불러일으켰다. 전화를 받은 업체 직원들이 자신이 AI와 대화하고 있다는 사실을 인지하지 못했기 때문이다.

이러한 문제를 해결하기 위해 구글은 AI 비서가 통화 시작 시 자신의 정체성을 밝히도록 프로토콜을 수정했다. "안녕하세요, 저는 구글 어시스턴트입니다. 제 고객의 예약을 요청합니다"라는 명확한 고지를 통해, 상대방이 AI와 대화하고 있다는 사실을 인지할 수 있도록 한 것이다.

그러나 이는 AI가 인간을 모방할 때 발생하는 복잡한 윤리적 문제의 시작에 불과했다. AI가 인간의 감정을 모사하고 깊은 유대 관계를 형성하는 듯한 행동을 할 때, 이는 자칫 인간의 정서적 취약성을 악용하거나 오해를 일으킬 수 있는 위험이 있다. 더욱 우려되는 것은 프라이버시 침해의 위험이다. 자연스러운 대화 과정에서 사용자들은 무의식적으로 민감한 개인정보를 인공지능에게 공유할 수 있으며, 이는 데이터 보안에 또 다른 도전 과제를 제시한다.

AI의 의사결정 과정의 투명성 확보도 중요한 문제다. 특히 의료, 법률, 금융과 같이 중대한 판단이 요구되는 분야에서 AI의 결정 과정은 명확히 설명되고 검증될 수 있어야 한다. AI가 공정하고 편견 없는 판단을 내리고 있는지 확인할 수 있는 메커니즘이 필요하다.

AI 시스템을 개발하고 배포하는 기업들의 책임도 강조되어야 한다. AI가 아무리 인간처럼 행동하더라도, 그 행위의 결과에 대한 최종 책임은 개발 주체에게 있다. 기업들은 잠재적 부작용을 최소화하기 위한 체계적인 노력을 기울여야 하며, 이는 기술적 안전장치를 넘어 윤리적 가이드라인의 수립까지 포함해야 한다.

AI와 인간의 관계에 대한 사회적 합의도 필요하다. AI가 인간의 동료나 친구, 심지어 연인의 역할을 대신할 수 있을까? 이러한 관계가 사회에 미칠 영향을 반드시 고려해야 한다.

테크 기업들은 데이터를 엄격한 보안 절차에 따라 관리하고 있으며, 사용자의 프라이버시를 보호하기 위해 다양한 조치를 보강하고 있다. 그럼에도 불구하고 AI 기술의 발전과 함께 우리는 더욱 복잡한 윤리적 딜레마에 직면하게 될 것이다. 기술이 인간의 능력을 모방하고 때로는 뛰어넘음에 따라 우리는 인간성의 본질과 기계와의 관계에 대해 더 깊이 고민해야 한다. AI가 제공하는 편리성과 효율성 뒤에 따라오는 여러 가지 문제를 주의 깊게 살펴볼 필요가 있다.

새로운 기술이 등장할 때마다 사람들은 기대와 우려를 동시에 느낀다. 자율주행 기술만 봐도 그렇다. 도로 위에서 운전자가 개입하지 않아도 자동차가 스스로 움직인다는 개념은 혁신적이지만, 한편으로는 차량이 보행자를 인식하지 못해 사고를 일으킬 수 있다는 걱정이 따른다.

생성형 AI도 마찬가지다. 입력 한 번으로 문서를 작성하고, 그림을 그리고, 코드를 만들어내는 능력은 분명 유용하다. 그러나 잘못된 정보가 사실처럼 퍼지거나 AI가 의도치 않게 인간의 창작 활동을 대체할 수 있다는 우려도 존재한다.

이처럼 획기적인 기술이 등장할 때마다 우리는 그것이 가져올 편리성과 가능성을 기대하면서도, 한편으로는 예상치 못한 위험을 걱정하게 된다. 이는 자연스러운 반응이다. 기술의 발전이 단순히 기능 향상을 넘어, 인간의 삶을 근본적으로 바꿀 수 있기 때문이다.

그렇기에 우리는 새로운 기술을 대할 때 균형 잡힌 시각을 가져야 한다. 아날로그 방식이 반드시 낡은 것이 아닌 것처럼, 디지털 기술이 무조건 좋은 것도 아니다. 모든 기술 발전에는 빛과 그림자가 공존한다. 중요한 것은 기술이 가져올 변화가 단순한 가능성에 머무는 것이 아니라, 그 기술이 적용된 세상에서 우리의 삶이 어떻게 달라질 것인지, 인간의 존엄성과 가치는 어떻게 보호될 수 있을지를 고민하는 것이다.

특히 기술이 인간의 기본권과 충돌할 가능성이 있을 때는 더욱 신중한 접근이 필요하다. 프라이버시, 자기결정권, 평등과 같은 근본적인 가치들이 기술 발전의 희생양이 되어서는 안 된다. 빠르게 변화하는 기술 환경 속에서도 인간의 가치와 존엄성을 최우선으로 고려해야 한다. 기술은 결국 인간을 위해 존재하는 것이며, 그 반대가 되어서는 안 되기 때문이다.

이러한 상황에서 우리가 가져야 할 가장 중요한 태도는 '비판적 사고(크리티컬 씽킹)'다. 새로운 기술이 등장할 때마다 우리는 그것이 가져올 편리성만을 바라볼 것이 아니라, 그 이면에 숨겨진 문제점은 없는지, 인간의 삶의 질을 진정으로 향상시킬 수 있는지를 면밀히 검토해야 한다. 기술의 발전 속도가 빨라질수록 비판적 사고의 중요성은 더욱 커진다.

맹목적인 기술 수용이 아닌, 깊이 있는 성찰을 통해 우리는 기술과 인간이 조화롭게 공존할 수 있는 방향을 모색해야 한다. 결국 중요한 것은 기술 자체가 아니라, 그 기술이 인간의 삶을 어떻게 변화시키느냐다.

# 정답이
## 많을수록

# 중요해지는
## 판단의 힘

---

## 그럴듯한 정답들 사이에서 가치를 찾는 법

"교수님, 오늘 과제를 하면서 챗GPT와 몇 개의 다른 대규모 언어 모델 서비스에게 동일한 질문을 던졌는데, 비슷하지만 조금씩 다른 답변이 나왔어요. 더 당혹스러운 것은 그 답변들이 전부 그럴듯해 보여서 뭐가 옳은지 모르겠다는 거예요."

한 학생의 이 고백은 우리가 직면한 현실을 정확히 보여준다. AI는 우리에게 무한한 가능성을 제시하지만, 동시에 혼란을 가져왔다. 이제 우리의 고민은 정답을 찾는 것이 아니라 '그럴듯한 정답들' 사이에서 더 가치 있는 것을 분별해내는 것이다.

최근 진행한 한 학기의 프로젝트 수업에서 흥미로운 현상이 관찰되었다. 학생들에게 인터랙션 디자인을 기획하는 과제를 주고 자유롭게 AI 도구를 활용하도록 했다. 모든 팀이 AI의 도움을 받았지만, 결과물의 수준 차이는 예상을 뛰어넘을 정도로 컸다.

가장 눈에 띄는 차이는 인공지능이 제시한 아이디어를 다루는 방식이었다. 성과가 좋지 않은 팀들은 AI의 제안을 그대로 수용하거나, 여러 제안을 조합하는 데 그쳤다. 반면 뛰어난 성과를 보인 팀들은 AI의 제안을 출발점 삼아 완전히 새로운 방향으로 발전시켰다.

성공적인 팀들의 접근 방식을 분석해보니, 세 가지 차원의 판단력이 작용하고 있었다. 첫째는 본질 파악력이다. 이들은 표면적 해결책 너머의 근본 원리를 이해하고, 다양한 맥락에서의 적용 가능성을 검토했으며, 장기적 영향력까지 평가했다. 둘째는 통합적 사고력이다. 서로 다른 아이디어 간의 연결성을 발견하고, 예상치 못한 조합을 통해 새로운 가치를 창출했으며, 다양한 관점을 균형 있게 고려했다. 셋째는 빠른 실행력이다. 이론과 현실의 간극을 정확히 인식하고, 구체적 실행 계획을 수립하며, 가용한 자원과 제약 조건을 현실적으로 고려해 실행해나갔다.

AI 시대에 요구되는 판단력은 전통적인 비판적 사고와는 다르다. 옳고 그름을 가리는 것을 넘어, 주어진 맥락에서 최적의 해결책을 선별하고 발전시키는 능력이 요구된다. 예를 들어 미드저니로 이미지를 생성할 때 성공적인 결과를 얻는 사람들은 단순히 프롬프트를 입력하는 것에 그치지 않는다. 그들은 자신이 무엇을 원하는지 명확히 하고, 생성된 이미지의 어떤 요소가 자신의 의도와 일치하는지 평가하며, 이전 시도에서 배운 것을 바탕으로 지속적인 개선을 시도한다.

인공지능이 제시하는 답변들은 완성된 해결책이 아닌, 가능성의 시작점으로 봐야 한다. 진정한 가치는 그 가능성을 현실의 맥락에 맞게 해석하고 비판적으로 발전시키며 창의적으로 적용하는 과정에서 만들어지며, 때로는 그 과정이 비생산적일 수 있다는 것을 알아야 한다.


## '진짜'를 찾는 눈을 키우는 법

인공지능이 제시한 수많은 가능성 중에서 가치 있는 것을 판단하고 이를 발전시키려면 어떻게 해야 할까? 우리에게 필요한 것은 '선별적 수용'과 '창의적 통합'이다.

선별적 수용의 핵심은 맥락에 대한 깊은 이해다. 인공지능이 제시하는 답변이나 해결책이 현재의 상황에 얼마나 적합한지, 어떤 전제 조건이 필요한지, 실행 과정에서 어떤 제약이 있을지를 꼼꼼히 살펴봐야 한다. 이는 마치 요리사가 식재료를 고르는 것과 같다. 같은 재료라도 어떤 요리를 만들 것인지, 누구를 위한 식

사인지에 따라 선택 기준이 달라지는 것이다.

실제로 생성형 AI를 활용한 프로젝트에서 뛰어난 성과를 보이는 팀들은 인공지능의 제안을 맹목적으로 따르지 않았다. 그들은 먼저 자신들이 해결하고자 하는 문제의 본질이 무엇인지 다시 점검했다. 그와 함께 인공지능이 제시한 해결책이 본질적 문제를 얼마나 잘 다루고 있는지 평가했다. 나아가 그 해결책이 현실에서 실현 가능한지, 부작용은 없는지, 더 나은 대안은 없는지를 끊임없이 고민했다.

창의적 통합은 선별된 요소들을 새롭게 조합하고 재해석하는 과정이다. 이는 기존 요소들을 재구성해 완전히 새로운 가치를 만들어내는 것을 의미한다. 이때 중요한 것은 서로 다른 영역의 지식과 경험을 연결하는 능력이다. 예를 들어 교육 분야의 해결책에 게임 디자인의 원리를 적용하거나 전통 공예 기법을 현대 제품 디자인에 융합하는 식이다.

뛰어난 성과를 보이는 학생들은 인공지능이 제시한 아이디어에 자신만의 경험과 통찰을 더한다. 한 학생은 AI가 제안한 기본적인 카페 키오스크 UI에 자신의 바리스타 경험을 접목했다. 실제 커피 제조 순서와 고객 응대 방식을 반영해 주문 프로세스를 재구성한 것이다. 이는 고객이 자신의 취향에 맞는 음료를 쉽게 커스터마이징할 수 있는 직관적인 인터페이스로 발전했다.

이러한 선별과 통합의 능력은 연습을 통해 발전시킬 수 있다.

중요한 것은 각각의 선택과 결정에 대해 깊이 있게 고민하고 그 이유를 명확히 하는 것이다. 왜 이 해결책이 더 적합한지, 어떤 맥락에서 이 방법이 더 효과적일지, 다른 분야의 어떤 원리를 접목할 수 있을지 끊임없이 질문하고 탐구해야 한다.

또한 이 과정에는 반드시 실천과 검증이 동반되어 한다. 아무리 좋은 판단도 현실에서 검증되지 않으면 의미가 없다. 작은 규모로라도 실험해보고, 그 결과를 바탕으로 자신의 판단 기준을 지속적으로 수정하고 발전시켜 나가는 작업이 필요하다. 이러한 과정을 통해 우리는 AI 시대에 필요한 진정한 판단력을 키워나갈 수 있을 것이다.

# 창의력의
# 핵심

# '펼쳐서
# 생각하기'

---

## '만약에'로 시작하는 창의적 모험

홍익대학교 산업디자인과 3학년 학생들은 '인터랙션 인터페이스'라는 수업을 듣는다. 이 수업은 사람과 컴퓨터·기계 사이의 상호작용인 HCI(Human Computer Interaction)를 바탕으로 새로운 환경의 제품 인터페이스를 디자인하는 것을 목표로, 실제 작동하는 프로토타입까지 만드는 수업이다.

대부분의 인터페이스나 인터랙션 수업들이 서비스 앱이나 인공지능 스피커 개발 같은 접근법을 취하는 것과 달리, 이 수업은 상업적인 결과물을 만드는 것을 지양한다. 대신 크리티컬 씽킹을 통해 사람의 감정이나 상황을 낱낱이 펼쳐봄으로써 인간에 대해 더 깊이 이해하는 과정을 중시한다.

사고의 폭을 넓히기 위해 나는 수업에서 학생들에게 '만약에'로 시작하는 가상 시나리오를 제시한다. "만약에 환경오염으로 지구를 떠나야 한다면, 당신은 지구에서의 어떤 기억 하나를 가져가겠습니까?"와 같은 질문을 던진다.

디스토피아적 시나리오를 제시하는 것은 단순한 상상을 넘어 현재의 기술적·물리적 제약에서 벗어나 인간 경험의 본질을 탐구하도록 유도하기 위해서다. 이러한 '펼쳐서 생각하기'의 핵심은 우리의 사고 범위를 확장하는 데 있다. 문제해결을 넘어 문제를 바라보는 시각 자체를 다양화하고 깊이 있게 만드는 과정이다. 이는 주어진 상황에서 '무엇이 가능한가'를 탐색하는 것이 아니라, '왜 이런 상황이 발생했는가'부터 시작해 그 이면의 맥락과 본질을 이해하기 위해 노력하는 것이다.

이러한 사고방식은 현상의 표면이 아닌 근본적인 원인과 구조를 이해하게 해주며, 이를 통해 더 창의적이고 혁신적인 해결책을 도출할 수 있게 한다. 특히 '만약에'라는 가정을 통해 현실의 제약에서 벗어나 상상력을 확장하고, 다양한 가능성을 탐색하는 과정에서 문제의 본질에 더 가깝게 다가갈 수 있다.

여기에 소개하는 작품들은 이러한 접근법의 효과를 잘 보여준다. 각 학생들은 자신만의 특별한 경험과 기억을 바탕으로 독창적인 인터랙티브 작품을 만들어냈다.

〈도기 온앤온(Doggie On & On)〉은 반려견과의 소중한 순간을 재현한 작품이다. 지구를 떠나야 할 때 함께 갈 수 없는 반려견과의 추억을 간직하려는 마음에서 출발한다. 주인이 맛있는 것을 먹을 때마다 옆에 다가와 자기도 달라고 다리를 긁는 귀여운 강아지의 모습을 떠올리고, 이 장면을 재현한 것이다.

우선 위아래로 움직이는 강아지 발 모양의 동적 장치를 만들어 강아지가 먹이를 달라고 주인의 다리를 긁는 동작을 재현한다. 다양한 견종을 표현하기 위해 발톱 모양과 무늬를 여러 버전으로 디자인했다. 이 작품의 인터페이스는 과자가 놓인 접시다. 사용자가 과자를 먹을수록 접시의 무게가 가벼워지고, 이 가벼워진 무게가 인풋(input)으로 적용되고 위아래로 움직이는 동작이 아웃풋(output)으로 작용해 강아지 발 장치가 더욱 격렬하게 사용자의 다리를 긁어댄다. 이를 통해 강아지와의 상호작용을 표현했다.

〈러브 레인(Love Rain)〉이라는 작품은 연인 간의 사랑을 우산이라는 매개체로 표현했다. 비가 많이 오는 날 연인이 하나의 우산을 같이 쓰고 가는 것은 연애할 때 누구나 한 번쯤 경험했던 일일 것이다. 우산이 좁아 두 사람이 완벽하게 비를 피하기는 어렵다. 내가 상대방을 좋아하면 좋아할수록 상대방이 비를 덜 맞게 하려고 우산을 상대방 쪽으로 기울인다. 이로 인해 내 어깨는 온통 젖고 만다.

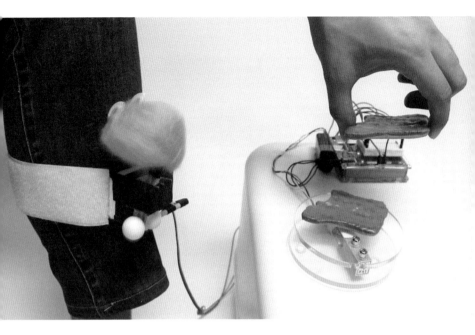

**반려견이 먹이를 달라고 하는 습성을 재해석한 <도기 온앤온>**
과자가 담긴 접시와 견종별 특징을 반영한 모형 발톱으로 구성된 인터랙티브 작품
으로, 접시에 놓인 과자의 양에 따라 발톱의 동작 강도가 변화하는 방식으로 반려
견과의 상호작용을 표현했다. ⓒ 이윤직·김보미

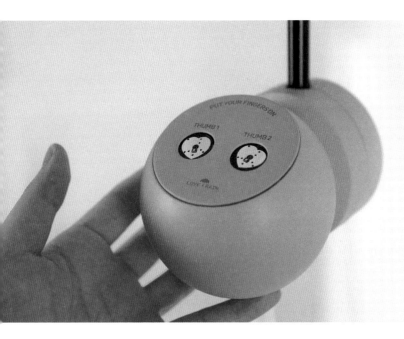

**연인의 사랑의 크기를 우산의 기울기로 은유한 <레브 레인>**

샤워기로 구현한 인공 강우 환경에서 우산 손잡이의 심장 박동 센서가 연인의 심박
수를 감지해 박동이 빠른 쪽의 반대로 우산이 기울어지도록 설계했다. 이를 통해
사랑에 깊이 빠진 사람이 비를 더 맞게 되는 아이러니를 시각화했다. ⓒ 황채미·조
선영·윤지원

샤워기를 이용해 비가 내리는 환경을 만들고 커플이 함께 우산 아래 선다. 손잡이에 설치된 심장 박동 센서가 감정의 강도를 측정하고, 심장 박동에 따라 우산의 기울기가 변화한다. 심장 박동이 빠른 쪽이 비를 더 맞게 되는 구조로, 연인 간의 감정이 시각적으로 표현된다. 여기에서 인터페이스는 바로 심장 박동 센서가 달린 남녀가 함께 잡은 우산 손잡이다.

〈섬머 테이스트(Summer Taste)〉 또한 심플하면서도 재미있는 작품이다. 이 작품의 아이디어는 여름 방학에 할머니 댁을 방문했던 기억에서 출발한다. 할머니 댁 근처의 구멍가게에서 아이스크림을 사 먹다가 갑자기 내린 비를 피해 처마 밑에 머물던 평화로운 순간을 표현했다. 아이스크림을 먹으면서 비가 그치기를 기다렸던 유년 시절의 기억을 재현한 것이다.

이 작품의 인터페이스는 아이스크림이다. 사용자가 아이스크림을 먹는 순간, 처마에서 비가 내리는 구조다. 센서(마그네틱)가 부착된 구조물 위의 아이스크림이 특정 위치를 벗어나면 워터 펌프로 물을 흘려보내는 메커니즘을 사용했다. 이를 통해 여유롭고 평화로운 여름날의 기억을 생생하게 표현했다.

이러한 작품들은 단순한 기억의 재현을 넘어, 인간의 감정과 경험을 물리적으로 구현함으로써 더욱 깊이 있는 공감과 성찰을 이끌어낸다. 특히 각 작품이 구현한 인터랙션은 디지털 기술의 한계를 뛰어넘어 인간의 감정과 기억을 아날로그적 방식으로 표

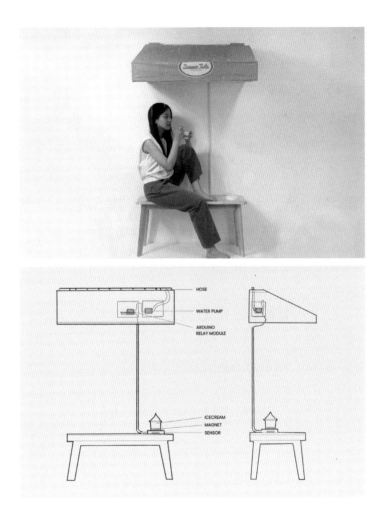

## 아이스크림과 여름비를 소재로 유년의 추억을 재현한 <섬머 테이스트>

무게 센서가 장착된 처마 구조물 아래서 아이스크림을 들면 워터 펌프가 작동해 인
공 강우가 흘러내린다. 이를 통해 여름비가 내리던 날, 할머니 댁 근처에서 아이스
크림을 먹던 추억을 표현했다. ⓒ 이재현·고정인·최현아

현함으로써 더욱 생생하고 진정성 있는 경험을 제공한다.

　학생들은 이러한 접근을 통해 현실의 제약에서 벗어나 상상력을 확장하고, 그 안에서 진정한 혁신의 가능성을 발견한다. 자신과 타인의 감정과 기억을 반영한 독창적이고 기능적인 프로토타입을 만드는 과정에서 창의적 사고와 표현 능력이 자연스럽게 발전한다. '만약에'로 시작하는 이러한 실험적 접근은 중요한 교훈을 준다. 기술이 발전할수록 오히려 우리는 감정과 기억 같은 인간 경험의 본질에 더욱 주목해야 한다.

## 틀을 깨는 순간, 혁신이 시작된다

'인터랙션 인터페이스' 수업 대상이 3학년이라는 사실은 나름의 의미가 있다. 학부 3학년은 기초 이론과 원리를 바탕으로 자신만의 관점을 발전시키는 중요한 시기다. 이때 크리티컬 씽킹은 필수적이다. 문제의 본질을 파악하고 창의적인 해결책을 도출하는 능력을 기르는 것이 무엇보다 중요하기 때문이다.

　처음에는 수업 자체가 낯설다보니 대다수는 무엇을 해야 할지 몰라 당황한다. 이는 현재의 교육 시스템 속에서 정답을 찾아 결과물을 도출하는 결과지향적 사고방식에 익숙해진 탓이다. 예를 들어 '시니어를 위한 서비스 앱 개발'과 같은 과제가 주어졌을 때, 학생들은 '치매 노인을 위한 인공지능 스피커'나 '디지털 소외 계층을 위한 키오스크' 등 즉각적이고 기능적인 해결책을 찾으려 하는 제한적인 접근을 시도한다.

이러한 접근은 '디자인이 세상을 구한다'라는 과장된 목표를 내세우지만, 실제 제품으로 구현되기보다는 제품의 콘셉트를 제시하는 데 그치는 경우가 많다. 이런 패턴화된 사고는 수능 준비, 내신 관리 등 정형화된 교육과정에서 비롯된다. 모든 것이 정해진 틀 안에서 이뤄지기 때문에 학생들은 정답이 없는 과제를 만나면 무척 당황한다. 정해진 답이 없으니 나아갈 방향을 헤매다 모양새만 그럴듯한 결과물을 내놓는 것에 그치고 마는 것이다.

가령 시니어를 위한 서비스 앱을 개발한다면, 먼저 노인들의 일상을 세밀하게 관찰하고 그들의 내면을 이해하려는 노력이 선행되어야 한다. 충분한 이해와 공감이 이뤄진 후에 사용자를 위한 설계가 시작되어야 하는 것이다.

진정한 혁신적인 사고를 하려면 실용적인 접근법에만 집중하기보다 더 폭넓은 사고를 통해 창의력을 발휘하는 연습을 해야 한다. 타인의 행동을 파악하고, 그 행동 뒤에 숨겨진 배경과 의도를 철저히 살펴보는 훈련이 필요한 것이다.

크리티컬 씽킹 능력을 향상시키기 위해서는 인터랙션 인터페이스 수업에서처럼 '만약에'로 시작하는 질문을 일상에서 실천해 볼 것을 제안한다. "만약에 모든 디지털 기기가 24시간 동안 작동

을 멈춘다면, 우리의 소통 방식은 어떻게 변할까?"와 같은 질문
은 현실의 문제를 여러 각도로 바라보게 만든다. 우리는 이를 통
해 기존에 생각하지 못했던 열린 사고와 결과를 도출하게 된다.
나 역시 매 순간 이런 질문을 스스로에게 던지며 펼쳐서 생각하
는 훈련을 계속하고 있다.

비판적 독서와 토론 역시 사고를 확장하는 데 도움이 된다. 책
이나 칼럼을 읽을 때 그 주장을 분석하고 논리적으로 검토하는
습관을 기르면 생각의 폭이 넓어진다. 이를 통해 다양한 견해를
탐구하며 더욱 풍부한 통찰력을 얻을 수 있다.

이러한 관점의 확장은 단순히 새로운 시각을 얻는 것을 넘어
선다. 이는 우리가 직면한 문제들을 심층적으로 이해하고, 더 창
의적인 해결책을 발견하게 해준다. 특히 현대 사회처럼 복잡하고
빠르게 변화하는 환경에서는 더욱 중요한 역량이 된다.

세계적인 혁신 기업들이 다양한 배경을 가진 인재들을 선호하
는 것도 이러한 맥락이다. 서로 다른 시각과 경험을 지닌 사람들
이 모여 각자의 관점을 공유하고 발전시킬 때, 진정한 혁신이 가
능해진다. 이들은 주어진 문제를 해결하는 데 그치지 않고, 문제
자체를 새로운 시각에서 재정의함으로써 혁신적인 해결책을 찾
아낸다.

혁신적 사고는 꾸준한 연습과 노력을 통해 발전시킬 수 있다.
일상에서 마주치는 작은 문제들부터 시작해보자. 왜 이런 상황이

발생했는지, 다른 관점에서는 어떻게 보일지, 기존과 다른 해결 방법은 없을지 끊임없이 질문을 던지며 사고의 깊이를 더해가는 것이다. 이런 과정을 통해 우리는 점차 더 넓은 시야와 통찰력을 갖출 수 있다.

특히 급변하는 현대 사회에서는 문제의 본질을 이해하고, 다양한 맥락을 고려하며, 창의적인 해결책을 도출하는 능력이 핵심 경쟁력이 된다. 이것이 바로 '펼쳐서 생각하기'가 우리에게 주는 가치다.

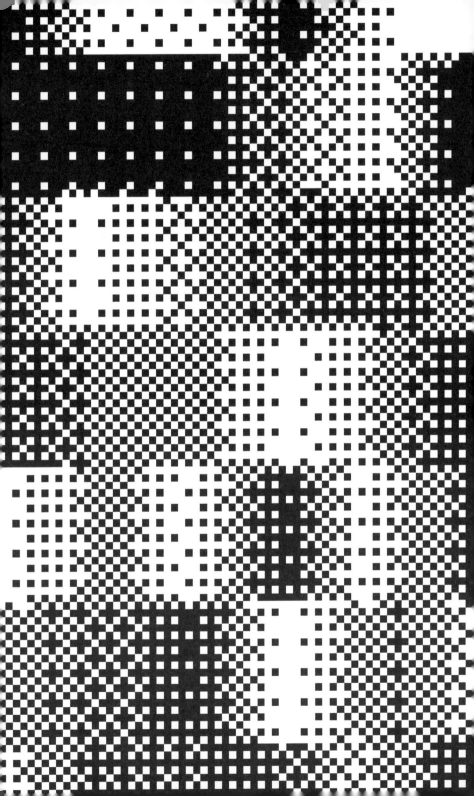

III.

빠르고 유연하게 적응하라:
엘라스틱 마인드

변화의 속도가 빨라질수록 적응과 성장의 능력은 더욱 중요해진다. 매일 새로운 기술이 등장하고 일하는 방식이 바뀌는 시대에서 우리에게 필요한 것은 빠르게 습득하고 탄력적으로 사고하는 '엘라스틱 마인드'다. 유연하게 생각하고, 변화를 두려워하지 않으며, 실패조차 배움의 기회로 삼는 이러한 태도야말로 AI 시대를 헤쳐나갈 핵심 역량이다.

이 장에서는 빠른 변화 속에서 성장하는 방법을 탐구한다. 내게 주어진 상황에 기민하면서도 유연하게 대응하는 애자일 마인드셋으로 새로운 도전을 기회로 바꾸고, 열린 소통으로 혁신을 이끌어내는 과정을 살펴본다.

기술이 발전할수록 인간에게 필요한 것은 지식의 축적을 넘어 새로운 것을 받아들이고 활용하는 능력이다. 엘라스틱 마인드를 갖춘 사람에게 불확실한 미래는 두려움의 대상이 아닌, 무한한 가능성의 놀이터가 될 것이다.

# 유연하게
# 분야를

# 넘나드는
# 패스트 무버

---

## 전시가 일깨워준 유연한 사고의 힘

디지털 대전환기, 생성형 AI의 급속한 발전은 우리의 일상과 업무 환경에 근본적인 변화를 가져오고 있다. 그로 인해 많은 사람이 일자리 상실을 우려하고 새로운 기술 습득에 대한 부담감을 안고 살아간다. 이처럼 미래가 불확실한 상황일수록 우리에게는 '엘라스틱 마인드'가 필요하다.

엘라스틱 마인드는 고무줄처럼 유연하게 확장되었다가 원래 형태로 돌아오는 유연한 사고방식을 의미한다. 이는 단순히 변화를 수용하는 것을 넘어, 새로운 도전을 기회로 인식하고 실패조차 성장의 발판으로 삼는 적극적인 태도와 사고방식이다. 엘라스틱 마인드의 힘을 깨달은 것은 2008년 뉴욕 MoMA에서 '디자인과 엘라스틱 마인드(Design and the Elastic Mind)'라는 제목의 전시를 본 후였다. 이 전시는 디자인, 과학, 기술의 융합이 우리 삶을 어떻게 변화시킬 수 있는지 보여줬다. 디자인을 미적이면서도 실용적인 결과물을 만들어내는 과정으로만 인식해온 내게, 디자인은 사회문제를 해결하고 더 나은 미래를 창조하는 데 중요한 역할을 할 수 있음을 상기시켜주었다.

아직까지도 기억에 생생한 인상적인 작품은 수사나 소아레스(Susana Soares)의 〈벌의 프로젝트(Bee's Project)〉다. 이 작품은 벌이 강력한 후각을 지녔다는 점을 착안해 사람의 호흡에서 나오는 특정 화학 물질의 냄새를 벌이 감지해 질병을 진단하는 아이디어에서 출발한다.

이 작품은 원형 플라스크 모양의 유리 챔버로 일면 단순해 보이지만, 놀라운 독창성을 지니고 있다. 질병을 진단하는 원리는 다음과 같다. 유리 챔버 안으로 호흡을 불어넣으면, 사전에 훈련된 벌들이 특정 위치에 모인다. 이는 벌들이 그 호흡에서 질병을 감지했다는 의미다. 소아레스는 이 과정을 시각화해 관람객들이 직접 볼 수 있게 만들었다. 챔버 안의 벌들이 여러 개의 가는 관을 통해 들어오는 다양한 호흡 샘플에서 암 등의 질병과 관련된 특정 화학 물질 냄새를 감지하면 벌들이 더 작은 보조 챔버로 이동하는 모습을 보고 사람들이 진단 여부를 알 수 있게 한 것이다.

**벌의 예민한 후각을 활용해 질병을 진단하는 도구를 제안한 <벌의 프로젝트>**

이 작품은 원형 플라스크의 단순한 구조지만, 훈련된 벌들이 암 환자의 호흡에서 나오는 특정 화학 물질의 냄새를 감지하도록 설계되었다. 이는 생명과학과 디자인의 융합적 가능성을 보여주는 선구적 사례다. ⓒ수사나 소아레스

이 독특한 작품은 생물을 이용한 질병 진단의 가능성을 제시하며, 생명과학과 디자인의 융합이 얼마나 혁신적이고 유용한 결과물을 만들어낼 수 있는지 보여준 대표적인 사례다.

과학기술과 예술의 융합이 가져올 수 있는 혁신적 미래를 보여주는 또 다른 작품으로 〈빅팀리스 레더(Victimless Leather)〉를 들 수 있다. 오론 캣츠(Oron Catts)와 이오낫 주르(Ionat Zurr)가 개발한 이 프로젝트는 동물을 해치지 않고 가죽을 생산하는 방법을 고안해냈다.

이들은 생분해성 폴리머를 기반으로, 쥐의 줄기 세포를 배양해 조직층을 형성하는 방식을 택했다. 맞춤형 관류 장치 내에서 배양된 이 조직층은 미니어처 크기의 스티치 없는 재킷으로 제작되었다.

이 프로젝트는 의류 산업에서 발생하는 윤리적 문제, 특히 동물 착취 문제에 대한 인식을 높이고, 과학기술의 발전이 이러한 문제를 어떻게 해결할 수 있는지 탐구한다. 더 나아가 실험실에서 배양된 재료가 가진 미래의 가능성과 한계점도 함께 제시한다고 할 수 있다.

마지막으로 주목할 만한 작품은 노암 토란(Noam Toran)의 〈액세서라이즈 포 론리 맨(Accessories for Lonely Men)〉이다. 이 작품은 현대 사회의 고립과 외로움이라는 문제에 대한 기술적 해결책을 제시했다.

**동물 착취에 대한 문제의식을 담은 <빅팀리스 레더>**

쥐의 세포로 만든 가죽을 만들어 생명체 및 비생명체와의 관계에 도전하고 생명공
학의 윤리적 함의를 탐구하는 작품이다. ⓒ 오론 캣츠·이오낫 주르

**현대인의 외로움을 디자인과 기술의 융합으로 해결하는 방법을 제시한 <액세서라 이즈 포 론리 맨>**

이불을 자동으로 당기는 '이불 도둑'과 숨결을 재현하는 '숨소리 장치' 등을 통해 정서적 결핍을 해소하려는 시도를 보여준다. ⓒ노암 토란

이불을 저절로 당겨서 누군가와 한 이불을 덮고 자는 느낌을 주는 '이불 도둑(Sheet Thief)'이나 타인의 숨소리를 재현하는 '숨소리 장치(Heavy Breather)' 등은 기술이 어떻게 인간의 정서적 욕구를 충족시킬 수 있는지를 보여준다.

이 전시에서 나는 기존 틀에 얽매이지 않고 상상력을 발휘해 모든 가능성을 끌어안는 엘라스틱 마인드야말로 이 시대에 꼭 필요한 사고방식임을 깨달았다. 내가 영국 왕립예술대학에서 인터랙션 디자인을 공부하고 현재 인터랙션 디자인 전문가로서 학생들을 가르치며 현업에서 일하게 된 계기 중 하나이기도 하다.

기존 디자인의 틀을 완전히 벗어난 이러한 시도들은 비단 디자인의 영역에서만 필요한 것이 아니다. 어떤 분야든 결국 모든 일은 인간의 삶과 밀접하게 연결되어 있으며, 우리의 삶은 당장 내일도 예측하기 어려울 만큼 빠르게 변화하고 있기 때문이다. 이런 불확실성 속에서 유연한 사고는 더욱 중요할 수밖에 없다.

특히 AI 시대에 엘라스틱 마인드의 중요성은 더욱 커질 것이다. AI가 제시하는 수많은 가능성 속에서 진정한 가치를 발견하고, 이를 인간의 삶을 풍요롭게 하는 방향으로 발전시키기 위해서는 유연하고 창의적인 사고가 필요하기 때문이다. 이러한 맥락에서 '디자인과 엘라스틱 마인드' 전시는 단순한 예술 전시를 넘어, 미래를 살아가는 데 필요한 사고방식의 전환을 제시한 선구적인 시도였다고 평가할 수 있다.

# 엘라스틱 마인드로 기회를 포착하라

AI 시대는 완전히 새로운 패러다임을 요구한다. 이제는 개인의 독립적인 작업보다 AI와의 협업이 일상이 되었다. 작가, 디자이너, 개발자 등 모든 전문가는 AI가 제시하는 초안을 인간 고유의 직관과 감성으로 재해석하고 발전시키는 방식으로 일한다. 예를 들어 비즈니스 문서 작성 시 챗GPT가 기본 구조와 내용을 제안하면, 전문가는 이를 바탕으로 산업 특수성과 조직의 맥락을 반영한 최종 결과물을 만들어낸다.

이러한 환경에서 엘라스틱 마인드는 인공지능이 효율성과 인간의 창의성을 조화롭게 결합하는 핵심 요소가 된다. 인공지능이 예상치 못한 결과나 새로운 접근 방식을 제시할 때, 이를 혁신의 기회로 전환할 수 있는 것이 바로 유연한 사고력이다. AI가 제시한 예상 밖의 데이터 패턴이 새로운 비즈니스 모델이나 서비스 개발의 출발점이 될 수 있다.

유연한 사고를 지닌 전문가들은 AI와의 협업 과정에서 발생하는 예측 불가능한 상황을 오히려 창의적 기회로 활용한다. 선도적인 기업들 역시 AI와 인간의 시너지를 극대화하기 위해 조직 구조와 업무 프로세스를 재설계하고 있다. 이는 AI 시대에 인간만이 창출할 수 있는 고유한 가치를 재정의하는 과정이다.

미래의 불확실성은 엘라스틱 마인드를 가진 전문가에게는 두려움의 대상이 아닌 무한한 가능성의 영역이 된다. 이들은 AI 기술의 발전을 위협이 아닌 기회로 인식하며, 지속적인 학습과 적응을 통해 새로운 가치를 창출한다. 빠르게 변화하는 AI 시대에서 성공하기 위해서는 경직된 사고방식을 버리고 유연한 사고로 새로운 가능성을 탐색을 해야만 한다.

따라서 기업과 전문가들은 엘라스틱 마인드를 핵심 역량으로 개발하고 강화해야 한다. 이는 지속적인 학습과 실험 그리고 실패를 통한 성장을 포용하는 문화를 조성하는 것에서 시작된다. AI 시대의 진정한 경쟁력은 바로 이러한 유연하고 적응력 있는 사고방식에 있다.

# 협업으로
# 승부하라

---

## 협업으로 만드는 시너지, 오픈 콜라보레이션

'오픈 콜라보레이션(Open Collaboration)'은 혁신의 핵심 전략이다. 개인의 지식만으로는 해결하기 힘든 당면 과제들을 다양한 분야의 전문가들이 지식과 자원을 공유하며 협력하는 이 방식은 오늘날의 복잡한 문제들을 해결하는 데 필수적인 과정이 되었다.

이러한 협업에서 가장 중요한 것은 고정관념에서 벗어나 유연하게 사고하고 변화에 빠르게 적응하는 능력이다. 서로 다른 가치관과 전문성을 가진 개인이 모여 혁신적인 해결책을 만들어내려면, 자신의 생각을 내려놓고 타인의 의견을 경청하며 수용하는 자세를 갖춰야 하기 때문이다.

마이크로소프트에 근무하던 시절, 아직도 인상 깊게 남아 있는 이벤트가 해커톤(Hackathon)이라는 행사다. 해커톤은 해킹(Hacking)과 마라톤(Marathon)의 합성어로, 현대 기술혁신의 최전선에 있는 이벤트성 프로젝트다. 다양한 배경의 참가자들이 제한된 시간 동안 집약적인 협업 과정을 통해 특정 주제나 문제에 대한 창의적인 해결책을 개발하는 것이 이 행사의 목적이다.

해커톤의 진정한 가치는 결과물 자체보다 오픈 콜라보레이션을 실현하는 데 있다. 프로그래머, 디자이너, 기획자, 마케터 등 서로 다른 전문성을 가진 사람들이 한 팀을 이뤄 협력하는 모습은 작은 스타트업을 방불케 한다. 다양한 배경을 가진 사람들이 한자리에 모여 짧은 시간 동안 혁신적인 아이디어를 창출하고 실현하는 과정은 그 자체로 흥미진진하다.

해커톤은 매년 개최되며, 모든 직원이 참여할 수 있다. 정직원뿐만 아니라 인턴도 참여 가능하며, 누구나 자신의 아이디어를 발표하고 다른 참가자들과 팀을 이룰 수 있다.

나도 해커톤에 참가해본 적이 있다. 다양한 분야의 사람을 만나고 아이디어를 발전시키는 과정은 꽤나 가슴 뛰는 일이었다. 물론 기존 업무와 병행하다보니 피곤하기도 했지만 열정적으로 참여하는 사람들과 함께하는 것만으로도 엄청난 자극이 되었다.

마이크로소프트 캠퍼스에 대형 천막이 설치되고 그 안에 첨단 기술로 무장된 행사장이 마련된다. 대형 스크린과 프로젝트 보드

**2018년 마이크로소프트 해커톤 출품작 <AI 페이셜 스컬프처(AI Facial Sculpture)>**

인공지능이 인식한 얼굴 표정의 데이터를 기하학적 입체도형으로 변환하여 디자인한 조형물(위). 인간의 감정 표현을 AI 기술로 해석했고 이를 추상적 데이터로 시각화한 작품이다. 여러 분야의 팀원들과 함께 아이디어를 발전시켰다.

가 배치되어 있고, 다양한 부스와 스테이션이 설치된다. 필요한 도구와 자원은 모두 제공받을 수 있다.

참가자들은 음식과 음료를 자유롭게 이용할 수 있으며, 커피와 에너지 드링크, 맥주, 피자, 스낵바가 준비되어 있어 언제든지 필요한 에너지를 충전할 수 있다. 이런 자유로운 분위기에서 참가자들은 팀끼리 노트북을 펼치고 프로젝트에 몰두한다. 밤이 깊어도 불이 꺼지지 않는 행사장은 마치 24시간 가동되는 공장처럼 보인다.

마지막 날에는 빌 게이츠를 비롯해 회사 고위 인사들이 완성된 프로젝트들의 혁신성, 실현 가능성, 사회적 가치 등을 평가해 시상한다. 그것이 끝이 아니다. 시상이 끝난 후에는 네트워킹 세션이 이어진다. 참가자들은 서로의 연락처를 교환하고, 향후 협업 가능성을 논의한다. 마이크로소프트의 해커톤은 향후 더 큰 규모의 협업으로 이어지는 결정적인 계기가 된다.

해커톤은 그야말로 창의력과 열정, 협업의 축제로, 오픈 콜라보레이션의 핵심 원칙인 지식과 자원의 공유, 다양한 관점의 융합, 빠른 피드백 루프를 자연스럽게 구현하는 플랫폼이다. 참가자들은 각자의 전문 지식과 경험을 개방적으로 나누고, 함께 문제를 해결하며, 새로운 기술과 아이디어를 실험해볼 수 있다. 끊임없이 서로의 아이디어를 공유하고 피드백을 주고받는다.

빠르게 프로토타입을 제작하고 즉시 테스트하며 문제를 해결해나가는 과정은 매우 역동적이다. 모두가 열린 마음으로 작업에 임해 빠른 학습과 실험이 가능하다. 참가자들은 즉각적인 피드백을 통해 몇 시간도 지나지 않아 아이디어를 개선하고, 이를 현실적인 솔루션으로 발전시켜 나간다. 무엇보다 집단 지성의 힘을 제대로 실감할 수 있는 장이기도 하다. 서로 다른 관점과 경험이 충돌하고 융합되면서 새로운 통찰력이 생겨나고, 이는 혁신적인 해결책으로 이어진다.

특히 복잡한 기술 분야에서 이러한 집단 지성의 힘은 더욱 빛을 발한다. 한 사람의 아이디어가 다른 사람에 의해 발전되고, 또 다른 맥락에서 적용된다. 해커톤은 단순한 이벤트를 넘어, 현대 기술혁신과 협업의 새로운 패러다임을 제시하는 대표적인 예라 할 수 있다.

낮에는 자신의 업무를 처리하고, 퇴근 후에도 초롱초롱한 눈으로 행사장에서 열심히 이런저런 토론을 하던 사람들의 모습이 아직도 생생하게 떠오른다. 그들의 지칠 줄 모르는 열의는 정말 놀라웠다. 엄청난 열정 덕인지, 타고난 체력 덕인지, 마켓에 바로 적용 가능할 만큼 매력적인 아이디어를 찾은 덕인지 모를 일이다. 아니면 쉴 새 없이 들이킨 에너지 드링크의 힘이었을지도 모르겠다. 그 이유가 무엇이든 그들의 열정은 행사장 전체에 활기를 불어넣었다.

해커톤의 경험은 오픈 콜라보레이션의 힘을 직접 체감할 수 있는 소중한 기회였다. 서로 다른 배경을 가진 사람들이 함께 모여 제한된 시간 동안 혁신적인 결과물을 만들어내는 과정은 협업을 통해 이룰 수 있는 무한한 가능성을 보여준다. 특히 AI 시대에 들어서면서 이러한 협업의 중요성은 더욱 커지고 있다. 인공지능이 제공하는 기술적 기반 위에 다양한 분야의 전문가들이 자신만의 통찰력을 더할 때, 우리는 진정한 혁신을 이룰 수 있기 때문이다.

## 협업의 새로운 패러다임, 오픈 콜라보레이션

오픈 콜라보레이션이 성공하려면 다음 네 가지 핵심 요소가 필요하다.

첫째, 다양성을 포용하는 열린 마음가짐을 지녀야 한다. 서로 다른 배경과 관점을 가진 전문가들이 만날 때, 이러한 차이를 새로운 가능성의 원천으로 인식하는 자세가 중요하다. 이를 통해 문제를 다각도로 바라보고 혁신적인 해결책을 도출할 수 있다.

둘째, 투명하고 효과적인 소통이 바탕이 되어야 한다. 자신의 생각을 명확히 표현하면서도 다른 이의 의견을 경청하는 균형 잡힌 대화가 이뤄져야 한다. 상호 간의 건설적인 피드백은 아이디어를 발전시키고 협업의 질을 높이는 핵심 동력이 된다.

셋째, 협력의 가치를 깊이 이해하고 실천해야 한다. 팀의 목표 달성을 위해 능동적으로 참여하고, 의견 충돌을 오히려 발전의 기회로 삼는 태도가 필요하다. 각 구성원이 자신의 전문성과 자원을 최대한 활용해 기여할 때, 예상을 뛰어넘는 시너지가 창출된다.

마지막으로, 지속적인 학습과 자기 계발에 대한 열정이 뒷받침되어야 한다. 급변하는 기술 환경에서는 지식과 기술을 끊임없이 습득하고 적용하는 노력이 필요하다. 이러한 요소들이 조화롭게 실현될 때, 개인의 성장과 함께 집단 지성의 잠재력이 발휘되어 혼자서는 해결하기 어려운 문제들도 함께 해결해나갈 수 있다.

조직 차원의 업무가 아니더라도 일상에서 오픈 콜라보레이션의 가치를 실현할 수 있다. 온라인 플랫폼을 적극 활용하는 것이 그중 하나다. 네이버 카페와 같은 커뮤니티 플랫폼은 다양한 커뮤니티가 활성화되어 있어 아이디어를 나누고 협업할 사람들을 찾기에 적합하다. 예를 들어 마케팅 관련 네이버 카페에서 새로운 마케팅 전략에 대한 아이디어를 공유하고 다른 전문가들의 피드백을 받을 수 있다.

SNS를 활용하는 것도 효과적이다. 블로그나 브런치스토리 같은 플랫폼에 프로젝트의 진행 상황을 공유하며 관련 분야의 전문가들과 네트워크를 형성할 수 있다. 인스타그램과 페이스북도 관련 내용을 공유하고 피드백을 받기 좋은 채널이다.

사람 간의 협력은 지식 교환을 넘어 각자의 강점을 극대화하고 약점을 보완하는 시너지를 창출한다. 특히 AI 시대에서는 이러한 협업 능력이 더욱 중요해질 것이며, 우리가 직면한 다양한 도전 과제를 해결하는 데 결정적인 역할을 할 것이다.

유연한 사고를 바탕으로 한 협력은 각기 다른 아이디어와 관점을 결합해 더 창의적이고 효과적인 해결책을 제시하는 원동력이 된다. 협력과 유연한 사고가 결합된 환경에서 우리는 지속적인 혁신을 이뤄낼 수 있다.

마지막으로 강조하고 싶은 것은 오픈 콜라보레이션이 단순한 업무 방식의 변화가 아닌 혁신의 패러다임이라는 점이다. 빠르게 변화하는 현대 사회에서 혼자만의 전문성으로는 더 이상 충분하지 않다. 다양한 관점과 경험이 만나 시너지를 일으킬 때, 우리는 지금까지 상상하지 못했던 혁신적인 해결책을 발견할 수 있다. 이것이 바로 오픈 콜라보레이션이 가진 진정한 가치이며 미래 사회에서 더욱 중요해질 핵심 역량이 될 것이다.

# 실패
# 데이터로

# 성공을
# 코딩하라

---

## 실패가 가르쳐준 사용자 중심의 가치

제품 개발 과정에서 내가 진행한 모든 프로젝트가 성공적인 상용화로 이어지지는 않는다. 실제 출시로 이어지는 제품의 비율은 타 부서에 비해 상대적으로 낮은 편이다. 하지만 이러한 경험들은 실패로 규정할 수 없다. 오히려 이런 시도들이 회사의 혁신 역량을 강화하는 귀중한 자산이 되기 때문이다.

2010년에 진행했던 스마트 TV 프로젝트는 이런 가치 있는 실패의 대표적 사례로, 사용자 중심 설계의 중요성을 깨닫게 해준 전환점이었다. 당시 우리 팀은 TV와 사용자 사이의 10피트(약 3미터)라는 거리가 지닌 의미를 단편적으로 해석했다. 이는 단순한 물리적 간격이 아닌, 편안함과 여유를 상징하는 심리적 거리였다. 이 깨달음은 이후 TV 시청의 본질을 이해하는 데 핵심적인 개념이 되었다.

우리는 최첨단 기술 구현에만 집중해 TV에 혁신적인 기능을 추가했다. 음성 인식으로 전원을 켜고, 손동작으로 채널을 바꾸며, 3D 안경으로 입체감 있는 화면을 즐길 수 있게 했다. 각종 앱을 설치할 수 있어 거실의 TV가 집안의 디지털 허브로 진화하는 새로운 비전을 추구했다.

하지만 시장의 반응은 예상과 달랐다. "TV 보는 게 이렇게 복잡해야 하나?"라는 불만이 대부분이었다. 사용자가 진정으로 원했던 것은 첨단 기능이 아닌 소파에 편히 기대어 프로그램 콘텐츠를 감상하는 본질적인 경험이었다.

이 경험은 내게 기술혁신의 진정한 의미와 사용자 경험의 본질을 이해하는 것이 기본이라는 것을 새삼 깨닫게 해주었다. 첨단 기술을 개발하는 것도 중요하지만, 그 기술이 실제 사용자들의 필요와 부합할 때 비로소 의미 있는 혁신이 된다는 것을 체감했다. 결국 좋은 서비스, 좋은 기술을 살아남게 만드는 열쇠는 사용자를 제대로 이해하는 데 달렸다.

이 실패를 통해 우리는 제품 개발 방식을 근본적으로 변화시켰다. 기술 중심적인 사고에서 벗어나 실제 니즈와 행동 패턴을 깊이 이해하는 사용자 중심의 설계를 도입했고, 핵심 기능 위주의 단순화된 인터페이스를 개발했다. 특히 모든 기능을 나열해 보여주는 방식보단 사용자가 원할 때 선택적으로 기능을 활용할 수 있게 하는 유연한 접근법을 택했다.

이러한 경험을 바탕으로 이후 출시된 스마트 TV는 기본적인 시청 경험을 해치지 않으면서도 필요한 스마트 기능을 자연스럽게 제공하는 방향으로 발전했다. 2014년 출시된 스마트 TV 모델은 기존의 복잡한 인터페이스를 대폭 간소화하고 사용자들이 가장 많이 사용하는 기능을 중심으로 재구성해 높은 호응을 얻었다.

## 레슨런을 위한 '제대로 실패하기'

2015년부터 2019년까지 마이크로소프트의 인공지능 어시스턴트팀에서 일했던 경험은 AI 시스템의 잠재력과 현실적 제약 사이의 중요한 통찰을 제공했다. 당시 우리 팀은 5~10년 후의 미래를 조망하며 혁신적인 인공지능 서비스를 기획하고 디자인하는 역할을 맡았다. 당시는 애플의 시리(Siri)와 아마존의 알렉사(Alexa)가 시장에 첫선을 보이며 AI 비서의 무한한 가능성이 논의되던 시기였다.

CEO 사티아 나델라에게 선보인 프레젠테이션에서 우리는 AI 비서와 함께하는 미래 직장인의 하루를 구체적으로 시연했다. 아침에 일어나면 실시간으로 교통 정보를 제공하고, 운전 중 이메일을 읽어주며, 회의 내용을 자동 요약하고, 파워포인트 디자인을 제안하며, MS 워드에서 더 좋은 문장을 추천해주는 등 업무 효율을 극대화하는 기능과 함께, 개인의 일정과 기념일까지 관리하는 통합 비서 시스템을 제안했다.

이 혁신적인 비전은 경영진으로부터 높은 관심을 받았으나 곧 현실의 제약에 직면했다. 가장 큰 걸림돌은 기술적 한계였다. 자연어의 완벽한 이해와 처리, 다중 작업 수행, 사용자 맥락 인지 등 핵심 기능들이 당시 기술로는 만족스러운 수준으로 구현하기 힘들었다. 또한 사용자의 데이터를 이용해야 하는 서비스 특성상 금융 거래나 의료 정보 같은 민감한 개인 데이터의 보안 리스크도 간과할 수 없었다.

서비스 구현을 위한 막대한 인프라도 필요했다. 실시간 대용량 데이터 처리를 위한 서버 인프라, 다중 기기 간 원활한 연동 시스템, 안정적인 네트워크 구축 등에 필요한 기술적 자원이 상당했다. 더불어 높은 개발 및 유지보수 비용에 비해 불명확한 수익 모델은 프로젝트의 실현 가능성을 더욱 낮추는 요인이 되었다.

이제 우리가 디자인했던 상당수의 시나리오들이 생성형 AI 챗봇인 마이크로소프트 코파일럿에서 실현되고 있다. 대규모 언어 모델의 등장으로 자연어 처리 기술은 더욱 정교해지고 실용적인 응용 범위가 넓어졌고 컴퓨터가 인간의 언어를 이해하고 처리하는 정확성과 효율성을 향상되었다. 그러나 우리가 구상했던 것과 같은 완전히 통합된 AI 비서 시스템은 여전히 할루시네이션(Hallucination), 즉 사실이 아닌 조작된 정보를 생성하거나 사용자의 복잡한 맥락에 대한 이해 부족에 대한 문제를 해결해야 한다.

이 프로젝트의 레슨런은 결과적으로 조직의 중요한 자산이 되었다. AI 윤리 가이드라인과 개인정보 보호를 위한 프레임워크를 수립하는 계기가 되었다. 더불어 이상적인 비전을 현실화하기 위한 단계적 기술 구현 로드맵을 확립할 수 있었다. 가장 중요한 교훈은 혁신적 비전도 현실적 제약을 고려한 점진적 접근이 필요하다는 것이었다.

이처럼 실패의 경험을 가치 있게 만드는 것은 그것을 어떻게 해석하고 활용하느냐에 달려 있음을 보여준다. 실패는 성공을 위한 필수적인 학습 과정이며, 핵심은 각각의 실패에서 명확한 교훈을 도출하고 이를 다음 프로젝트에 체계적으로 적용하는 것이다. 이는 현재 AI 기술 개발 과정에서도 여전히 유효한 원칙으로 작용하고 있다.


## 실패의 경험이 만드는 진정한 경쟁력

취업 시장에서 실패 경험을 효과적으로 전달하는 능력은 핵심 경쟁력으로 작용한다. 많은 사람이 좋은 회사로 이직하려면 화려한 성공 사례가 필요하다고 생각하지만, 역설적으로 면접장에서 가장 강력한 무기는 '실패 경험'이다. 내 경우에도 체계적으로 구조화된 실패 경험 공유가 여러 면접에서 차별화 요소로 작용했다.

실패 스토리를 효과적으로 전달하려면 구조화가 필요하다. 먼저, 프로젝트의 배경과 목표, 시장 상황과 기술적 맥락 그리고 사용자의 니즈를 명확히 제시한다. 이후 문제해결을 위해 시도했던 구체적인 접근 방법과 투입한 시간과 노력을 설명한다. 그다음 실패의 원인을 내부적 요인과 외부적 요인으로 구분해 분석하고, 예측하지 못했던 변수들을 짚어낸다. 마지막으로 이 경험을 통해 얻은 구체적인 교훈과 이를 다음 프로젝트에 어떻게 적용했는지를 공유한다.

'제대로 실패하기'란 무엇일까? 내가 정의하는 가치 있는 실패의 조건은 세 가지다. 첫째, 충분한 사전 검토와 준비가 있어야 한다. 상상에 의존한 추상적인 예측이 아니라 체계적인 계획에 기반한 시도여야 한다. 둘째, 실행 과정에서 꾸준한 기록과 분석이 이뤄져야 한다. 셋째, 실패 후에는 철저한 원인 분석과 교훈 도출이 필요하다. 이러한 조건들이 충족될 때 비로소 실패는 나만의 강력한 무기가 된다.

실제로 나는 이러한 접근법으로 여러 회사의 면접에서 좋은 결과를 얻었다. 노키아 면접에서 스마트 TV 프로젝트의 실패를 통해 배운 사용자 중심 설계의 중요성을 강조했다. 이는 노키아의 기업 철학인 '인간 중심 디자인'과 일치해 면접관들의 공감을 이끌어낼 수 있었다. 이후 다른 기업 면접에서는 AI 미팅룸 스피커와 AI 비서 프로젝트를 진행하며 직면했던 윤리적 고민들을 공유했다. 개인정보 보호와 기술혁신 사이의 균형을 고민했던 경험은 그 기업의 당면 과제와도 연결되어 있었다.

성공 사례만을 강조하는 것은 오히려 리스크가 될 수 있다. 자칫 실패나 어려움을 겪어보지 않은 것처럼 보일 수 있어서 도전적인 상황에서의 대응 능력에 대한 의구심을 불러일으킬 수 있으며, 변화를 두려워하거나 회복 탄력성이 부족한 사람으로 오해받을 수 있다. 또한 과도한 성과 강조는 자칫 자만심이 강한 인상을 줄 수 있다.

나는 '최선을 다했음에도 실패한다면 그것은 의미 있는 시도'라는 철학으로 일한다. 이런 태도는 실패를 두려워하지 않고 지속적인 도전을 가능하게 하는 원동력이 된다. 실패한 프로젝트는 새로운 관점에서의 도전이나 전혀 다른 영역으로 확장하는 계기가 되었고, 이를 통해 한계를 극복하고 시야를 확장할 수 있었다.

나만의 진정한 경쟁력은 특별한 능력이나 화려한 이력이 아닌, 끊임없는 도전과 실패를 두려워하지 않는 태도에서 비롯된다. 실패해도 그 과정 자체를 즐기고 배움의 기회로 삼는 자세가 지속적인 성장을 가능하게 한다. 그래서 나는 늘 강조한다. 실패는 성공의 반대가 아닌, 성장을 위한 필연적인 과정이라고.

　실패를 두려워하지 않는 태도는 용기의 문제가 아니다. 그것은 실패를 하나의 데이터로 인지하고, 그로부터 의미 있는 인사이트를 도출해 다음 도전의 밑거름으로 삼는 체계적인 접근법이다. 마치 프로그래머가 오류 코드를 분석해 더 나은 알고리즘을 만들어내듯, 우리는 실패의 경험을 통해 성공으로 가는 더 나은 코드를 작성할 수 있다. 이것이 바로 실패의 데이터로 성공을 코딩하는 진정한 의미다.

# 빠른
# 실행과

# 민첩한
# 적용의 기술

---

## 변화에 즉시 대응하는 강력한 도구

최근의 디지털 전환은 전통적인 업무 방식의 근본적인 변화를 요구하고 있다. 모 핀테크 스타트업의 모바일 앱 개발 사례는 이러한 현대적 업무 방식의 전형을 보여준다. 이 기업은 완벽한 기능을 갖춘 제품을 한 번에 출시하는 대신, 최소 기능 제품을 신속하게 시장에 선보이고 2주 단위로 사용자 피드백을 반영해 제품을 발전시켰다. 이러한 반복적 개선 과정에서 사용 빈도가 낮은 기능은 과감히 제거해 제품의 효율성을 높였다.

이러한 애자일 접근법의 핵심은 빠른 피드백 루프를 통한 시장 대응력이다. 개발 속도 향상에만 초점을 맞추는 것이 아니라,

사용자와의 지속적인 상호작용을 통해 제품의 방향성을 검증한다. 예상치 못한 문제가 발생하더라도 이를 학습의 기회로 전환해 신속한 개선으로 이어간다.

글로벌 브랜드 기업의 디지털 마케팅팀도 유사한 변화를 보여준다. 과거에는 수개월에 걸쳐 대규모 캠페인을 준비한 후 일괄 론칭하는 방식이 표준이었다. 그러나 현재는 단일 변수에 대한 두 가지 버전을 비교하는 A/B 테스트를 활용한 소규모 실험을 통해 효과성을 검증한다.

다양한 메시지와 크리에이티브 요소를 조합한 여러 버전의 광고를 제한된 고객군에 노출시키고, 실시간 데이터 분석을 통해 최적의 조합을 도출한다. 이렇게 검증된 요소들을 바탕으로 캠페인을 점진적으로 확장해나간다.

이 과정에서 당초 예상과 다른 결과가 도출되는 경우도 빈번하다. 내부적으로 가장 효과적일 것으로 기대했던 메시지가 실제 고객 반응에서는 저조한 성과를 보이기도 한다. 그러나 실패를 핵심적인 학습 기회로 인식하고, 데이터에 기반한 신속한 전략 수정을 통해 최적의 접근법을 찾는 것이다.

디지털 시대에서 애자일 마인드셋(Agile Mindset)은 조직의 핵심 역량이 되었다. 이는 단순히 빠른 실행을 의미하는 것이 아니라 불확실성 속에서 민첩하게 대응하며 지속적으로 학습하고 성장하는 조직 문화를 의미한다. 기존의 틀에 얽매이지 않고 상황에 따라 유연하게 새로운 방법론을 적용하는 능력은 물론, 실패를 두려워하지 않고 이를 학습의 기회로 전환하는 자세가 그 핵심이다.

애자일 마인드셋을 가진 사람은 도전과 기회를 긍정적으로 받아들이며, 실패를 학습의 기회로 삼아 더욱 발전해나간다. 특히 동료들과의 협업과 지속적인 피드백을 통해 자신의 역량을 키우고, 빠르게 변화하는 상황에도 빠르게 적응하는 힘을 기른다.

애자일 마인드셋은 조직적 차원에서 시장 환경의 변화에 대한 신속한 대응과 지속적 혁신을 가능하게 한다. 이는 기존 업무 프로세스의 변화를 뛰어넘어 조직 문화와 의사결정 방식의 근본적인 전환을 의미한다. 애자일 조직은 시장에 민첩하게 반응하며, 이를 바탕으로 제품과 서비스를 지속적으로 개선한다.

기술의 가속화된 발전 속도는 애자일 마인드셋의 중요성을 더욱 부각시키고 있다. 어제의 해결책이 오늘의 문제에는 적합하지 않을 수 있는 환경에서, 새로운 기술을 신속하게 습득하고 이를 실무에 효과적으로 통합하는 능력이 필수적이다. 이는 표면적인 기술 습득에서 한걸음 더 나아가, 변화의 영향을 예측하고 선제적으로 대응하는 전략적 통찰력까지 포함한다.

애자일 마인드셋은 변화와 불확실성 속에서 조직이 민첩하게 대응할 수 있도록 돕는 강력한 도구다. 이를 통해 실패를 두려워하지 않고 학습의 기회로 삼아 더 나은 방향으로 나아갈 수 있다.

특히 AI와 같은 혁신적 기술이 비즈니스 환경을 급격히 변화시키는 현재, 애자일 접근법의 가치는 더욱 증대되고 있다.

## 애자일 마인드셋을 위한 실천법

애자일 마인드셋을 갖추려면 어떤 노력을 해야 할까? 방법은 생각보다 단순하다. 핵심은 이미 알고 있는 지식을 주기적으로 업데이트하며 더 나은 방법을 모색하는 태도다.

이런 태도를 체화하는 과정에서 우리는 변화에 적응할 뿐만 아니라, 때로는 변화의 흐름을 앞서 나가며 새로운 기회를 발견할 수 있다. 변화에 대응하는 것을 넘어 변화를 주도하고 혁신을 이끌어내는 능력도 함께 기르게 되는 것이다.

디지털 시대를 살아가는 현대인들에게 애자일 마인드셋은 일상의 모든 영역에서 필요하다. 가령 스마트폰을 구매했을 때, 새로운 버전으로 업데이트되어 낯선 운영 체제나 인터페이스를 번거로움으로 여기지 않고 흥미로운 도전으로 받아들여 보자. 새로운 기능을 하나씩 탐색하고 익히며 점진적으로 적응해나가는 과정 자체를 즐기는 것이다.

자주 사용하는 기능에만 의존하지 말고, 새로운 기능을 적극적으로 사용해보며 기기의 장점을 최대한 활용할 수 있는 방법을 찾아보기를 권한다. 새로운 기능을 배우고 사용해보면서 기기의 전체적인 성능을 더 잘 이해하게 될 것이다.

같은 기기만을 고집하는 대신 때로는 다른 방식의 기기에도 도전해보자. 소셜미디어 플랫폼도 이러한 애자일한 접근 방식을 훈련하는 좋은 도구로 활용할 수 있다. 새로운 기능이 추가될 때마다 그 기능을 창의적으로 활용하는 방법을 모색하고, 이를 시도해보는 습관을 들이는 것이다.

최근 등장하는 공간 컴퓨팅 디바이스, 예를 들면 혼합현실(MR)용 기기인 애플 비전 프로(Apple Vision Pro) 등도 적극적으로 활용해 보기를 권한다. 이는 시장가치를 테스트하라는 것이 아니다. 새로운 기기들을 자신의 생활 패턴과 필요에 맞게 설정하고 SNS나 OTT 서비스에서 사진이나 영상 콘텐츠를 소비해보면, 모바일이나 PC의 플랫 스크린을 벗어난 인터페이스와 콘텐츠들이 어떻게 현실감을 높여주는지 알 수 있다.

실제 사용 경험을 통해 우리는 기술 발전의 새로운 방향을 포착할 수 있다. 공간 컴퓨팅 환경에 맞는 공간 콘텐츠(비디오와 사진)를 소비할 수 있는 환경이 열릴 것이며, 이에 따라 콘텐츠 제작 방법과 문법이 달라지면서 산업의 트렌드도 변화할 것이다.

실례로 아이폰 15에서는 공간 사진과 비디오를 찍어 애플 비전 프로에서 연동해 볼 수 있으며, 애플 뮤직과 애플 오리지널에서는 비전 프로 전용 뮤직비디오와 영화를 통해 공간 비디오 콘텐츠를 제공하고 있다. 공간 콘텐츠 제작을 위해서는 입체 3D 사진이나 공간 비디오를 촬영할 수 있는 렌즈나 카메라가 필요한데, 카메라 산업도 이런 변화에 발맞춰 빠르게 대응하고 있다.

금융 서비스 영역에서도 이러한 접근이 가능하다. 전통적인 결제 수단인 신용카드만 사용하는 대신, 모바일 페이나 QR코드 결제 등 다양한 결제 방식에도 익숙해지자. 결제 과정이 훨씬 간편해지고 빠르게 처리된다는 것을 알게 될 것이다. 이러한 경험은 디지털 금융의 편의성을 체감하게 해주며, 더 나아가 금융 서비스의 발전 방향을 이해하는 데 도움이 된다.

급변하는 환경에 성공적으로 적응하려면 지속적인 학습이 필요하다. 변화의 신호를 빠르게 포착하고 새로운 지식과 기술을 민첩하게 습득하는 능력을 갖춰야 한다. 이러한 태도는 변화에 휩쓸리지 않고, 오히려 미래를 주도적으로 설계하고 창조하는 역량을 키우는 데 중요한 역할을 한다.

역사적으로 인류는 변화와 적응의 과정을 통해 꾸준히 발전해 왔다. 과거의 경험과 현재의 도전 그리고 미래의 가능성은 서로 긴밀하게 연결되어 있으며, 각 시대의 학습과 경험은 다음 단계 도약의 기반이 된다. 변화에 신속히 대응하고 새로운 환경에 유연하게 사고방식과 행동을 조정하는 능력은 개인과 조직의 생존과 성장을 결정짓는 중요한 요소다.

애자일 마인드셋의 본질은 변화를 두려움의 대상이 아닌 성장의 기회로 인지하는 관점의 전환에 있다. 새로운 기술이나 방식을 '배워야 할 것', 즉 의무적인 학습 대상이 아닌 탐험과 발견의 대상으로 접근할 때 더욱 효과적인 적응이 가능하다. 이는 개인의 성장뿐만 아니라 조직과 사회의 전반적인 발전으로 이어진다. 민첩한 적응력은 불확실성이 높은 현대 사회에서 더욱 중요한 가치로 자리 잡고 있다.

# 혁신을
# 높이는

# 소통의
# 방법

---

## 소통을 통한 갈등 해결의 지혜

제품 개발 과정에서 개발자와 디자이너 간의 갈등은 피할 수 없는 현실이다. 이는 각자의 전문성과 관점의 차이에서 비롯된다. 디자이너는 최적의 사용자 경험을 추구하며 때로는 기술적 한계에 도전하는 아이디어를 제시한다. 반면 개발자는 기술적 실현 가능성과 개발비 대비 효율성을 고려하며 현실적인 구현 방안을 고민한다. 이러한 근본적인 관점 차이는 종종 심각한 갈등으로 이어진다.

디자이너는 개발자가 사용자의 편의성을 경시한다고 느낄 수 있다. 반대로 개발자는 디자이너가 서비스의 기술적 측면을 이해하지 못한다고 생각할 수 있다. 제품이나 서비스 개발 과정에서 소통의 중요성이 매우 큰 이유가 여기에 있다. 특히 기획자, 개발자, 디자이너가 함께 일하는 환경에서는 효과적인 소통이 성공적인 결과물을 도출하는 핵심 요소로 작용한다.

삼성에서 스마트 TV의 제스처 인식 기능을 개발할 때였다. 초기에 팔을 움직여 제스처를 인식하는 방식이 사용자의 피로감을 유발한다는 문제가 제기되었고, 이를 개선하기 위해 손가락 움직임만으로도 제스처를 인식하게 하자는 아이디어가 나왔다.

하지만 개발자는 손가락의 미세한 움직임을 인식하는 것이 불가능하다고 했다. 왜 불가능한지 이해되지 않았지만, 내색하지 않고 개발자와 계속 소통을 시도했다. 대화를 이어가면서 기술적으로 불가능한 것이 아니라, 알고리즘 개선과 센서 최적화 등 추가적인 개발 리소스가 필요하다는 것을 알게 되었다. 처음에 개발자가 내 제안을 거절한 이유는 개발비가 추가되고 일정이 변경되는 것을 우려했기 때문이었다.

나는 사용자의 입장에서 손가락 인식의 중요성을 설명하며 설득을 이어갔고, 이를 통해 개발자는 새로운 관점을 얻게 되었다. 결과적으로 더 나은 사용자 경험을 제공하는 솔루션이 탄생했다.

효과적인 소통은 공식적인 팀 미팅뿐만 아니라 일상적인 환경에서도 이뤄져야 한다. 실리콘밸리나 한국의 IT 기업들이 커피챗(Coffee chat)이라는 비공식적 소통을 장려하는 것도 이 때문이다.

이는 단순한 잡담이 아닌, 깊이 있는 대화를 통해 서로의 입장을 이해하고 문제를 해결하는 소중한 기회가 된다.

효과적인 소통은 제품 개발 과정에서의 갈등 해결을 넘어 혁신과 효율성 향상의 핵심 요소다. 서로의 입장을 이해하고 공동의 목표를 향해 함께 나아가는 과정에서 소통의 힘이 발휘되며, 궁극적으로 더 나은 제품과 서비스를 창출하는 힘이 된다.

특히 주목할 만한 점은 다양한 직군에 대한 이해도가 높은 전문가일수록 더 효과적인 소통이 가능하다는 것이다. 디자인만 잘하는 사람은 개발자나 마케터와의 협업에서 특정 용어, 프로세스, 우선순위를 이해하지 못할 수 있어 소통에 어려움을 겪을 수 있다. 반면 다양한 분야에 대한 기본적 이해를 갖춘 전문가는 서로 다른 관점과 우선순위를 조율하며 효과적인 협업을 이끌어낼 수 있다.

디자인 분야에서 최고 수준의 전문성을 지닌 사람을 가정해보자. 이 사람은 뛰어난 기술적 능력과 깊은 통찰력으로 디자인의 세부 사항에서 탁월한 성과를 낼 수 있다. 그러나 개발자나 마케터 등 다른 분야에 대한 이해가 부족하다면, 이러한 전문성이 오히려 소통 과정에서 장애가 될 수 있다. 자신의 능력에 대한 강한 신념으로 인해 다른 의견을 수용하기 어려울 수 있기 때문이다.

반대로 디자인 능력이 상대적으로 낮더라도 다양한 스킬 세트를 갖춘 사람을 생각해보자. 디자인 능력은 중상 수준이지만 다른 직군에 대한 이해도 갖춘 사람이다. 이러한 사람은 비록 디자인의 기술적 깊이는 최고 수준에 미치지 못할지라도, 다양한 영역에서의 통합적 사고와 원활한 소통을 통해 놀라운 성과를 이룰 가능성이 크다.

현대의 복잡한 제품 개발 환경에서는 전문성의 깊이만큼 폭넓은 이해와 유연한 사고방식이 중요하다. 이는 개인의 성과를 넘어 팀 전체의 생산성과 목표 달성에 직접적인 영향을 미친다. 특히 AI 시대가 본격화되면서 기술과 디자인, 비즈니스를 아우르는 통합적 시각과 효과적인 소통 능력의 중요성은 더욱 커지고 있다.


## T형을 넘어 π형 인재로의 진화

최근까지 조직에서는 특정 분야의 전문가보다 다양한 영역에서 역량을 발휘할 수 있는 'T형 인재'를 선호해왔다. T형 인재는 한 가지 분야의 전문성과 함께 다른 분야에 대한 지식을 폭넓게 갖춘 인재를 의미한다. T형 인재는 복잡한 문제를 다양한 관점에서 접근하고, 다른 전문가들과 효과적으로 협업할 수 있는 능력을 지닌다. 그러나 최근에는 T형 인재를 넘어 'π(파이)형 인재'의 중요성이 부각되고 있다. π형 인재는 한 분야에서만 깊은 지식을 가지는 것을 넘어서, 여러 분야에서 깊이 있는 전문성을 보유한 인재를 의미한다.

T형 인재가 한 분야의 전문성과 다양한 영역에 대한 전문가적 이해를 가지고 있다면, π형 인재는 복수의 분야에서 전문가적 깊이를 갖춘 사람을 뜻한다. 예를 들어 데이터 과학과 비즈니스 전략 두 분야에서 모두 깊이 있는 이해를 가진 인재가 이에 해당한다. 이러한 인재는 데이터를 바탕으로 복잡한 문제를 더 깊이 이해하고, 실질적인 비즈니스 가치를 창출할 수 있는 해결책을 제시할 수 있다.

현대 사회에서 π형 인재의 가치는 매우 크다. 이들은 각기 다른 분야의 깊이 있는 지식을 융합해 복잡한 문제를 다각도로 해결할 수 있다. 기술과 경영과 디자인을 모두 깊이 이해하는 인재는 기술적 혁신을 실제 사용자 가치로 전환해 비지니스적인 성과로 연결시키는 핵심적 역할을 할 수 있다.

또한 각기 다른 분야의 사람들은 서로 다른 관점과 접근 방식을 가지고 있어, 같은 프로젝트에서도 의도를 오해하거나 중요한 맥락을 놓칠 수 있다. π형 인재는 다양한 분야의 깊이 있는 이해를 바탕으로, 서로 다른 관점을 연결하고 통합해 효과적인 협업을 이끌어내는 역할을 한다.

소통의 궁극적인 목적은 결국 협업과 문제해결이다. π형 인재는 둘 이상의 분야에서 깊은 지식을 갖추고 있기 때문에 이들이 주고받는 대화는 창의적인 문제해결로 이어질 가능성이 크다. 한 분야에서의 깊이 있는 지식을 다른 분야의 깊은 이해와 결합해 제3의 해결책을 제안할 수 있다. 이는 팀 전체가 혁신적인 아이디어를 개발하고, 더 효율적인 방법으로 문제를 해결하는 데 기여한다.

π자형 인재가 되려면 몇 가지 마음가짐이 필요하다. 먼저, 개방적인 자세다. 다양한 관점과 아이디어를 수용하는 열린 태도는 서로 다른 배경과 경험을 가진 사람들이 협력할 수 있는 기초를 마련한다. 개방성은 아이디어와 혁신을 가능하게 하며, 예기치 않은 문제를 해결하는 데 큰 도움을 준다.

다음으로는 공감하는 자세를 갖춰야 한다. 상대방의 입장을 이해하고, 그들의 감정과 생각에 공감하는 능력은 소통의 질을 높이고 신뢰를 쌓는 데 도움이 된다. 공감은 그들의 경험과 감정을 진정으로 이해하고 존중하는 것을 의미한다. 이러한 공감은 소통을 보다 깊이 있게 만들고, 팀 내에서의 협력도 촉진한다.

마지막으로 목표 중심적 접근이 필요하다. 소통의 목표를 명확히 이해하고, 공동의 목표를 향해 나아가는 것은 효과적인 협업을 위한 필수 요소다. 목표 중심적인 소통은 각자의 역할과 책임을 명확히 하고, 팀 전체가 같은 방향으로 나아갈 수 있도록 조율한다. 이는 협업의 효율성을 높이고, 목표 달성에 있어 팀의 단합을 이끌어낸다.

이러한 마음가짐은 제품 개발 과정에서 갈등을 해결하는 것을 넘어, 혁신과 효율성을 높이는 핵심 요소다. 서로의 입장을 이해하고, 공동의 목표를 향해 함께 나아가는 과정에서 소통의 힘이 발휘되며, 이는 궁극적으로 더 나은 제품과 서비스를 만들어내는 기반이 된다.

결국 π형 인재의 진정한 가치는 단순히 여러 가지 전문성을 보유했다는 점이 아니라, 이를 바탕으로 효과적인 소통을 이끌어내 통합적 문제를 해결하는 능력에 있다. 이들은 서로 다른 분야의 지식과 관점을 창의적으로 결합해 혁신적 솔루션을 도출하고, 본인이 속한 곳에서 지속적인 성장을 견인한다. 빠르게 변하는 현대 비즈니스 환경에서 이러한 융합형 인재의 중요성은 더욱 커질 것으로 전망된다.

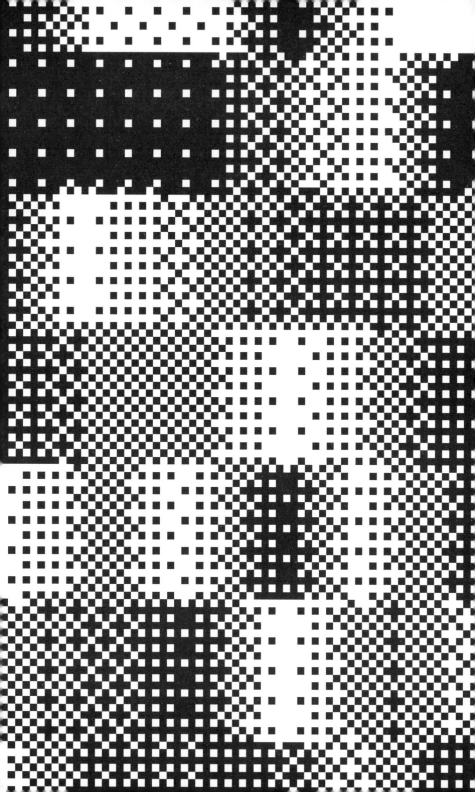

# IV.

## 실행하며 진화하라: 익스페리멘탈 인사이트

전례 없는 문제는 새로운 해결 방식을 요구한다. 특히 AI 시대에는 더욱 그렇다. 복잡한 계획이나 분석에 매달리는 대신, 직접 만들고 체험하며 문제의 본질을 발견하는 '익스페리멘탈 인사이트'는 이런 시대가 필요로 하는 창의적 문제해결 방식이다. 이는 즉각적인 실행과 체험을 통해 우리에게 생각만으로는 얻을 수 없는 통찰을 가져다준다.

이 장에서는 창의적 문제해결을 위한 실천적 방법론을 살펴본다. '만들며 생각하기'를 통해 추상적 아이디어를 구체화하고, 복잡한 문제를 해결하며, 고유한 경험을 통해 AI와 차별화되는 경쟁력을 만드는 과정을 탐구한다. 화가들이 사진이라는 새로운 기술에 맞서 예술의 새 지평을 열었듯, 우리도 AI 시대에 인간 고유의 창의성으로 새로운 가능성을 열어갈 수 있다.

우연한 발견과 실수에서 의미를 찾아내고, 이를 새로운 가치로 전환하는 것. 이것이야말로 AI가 결코 따라올 수 없는 인간만의 고유한 능력이다. 직접 체험하고 실패하며 배우는 과정 속에서 우리는 진정한 창의성과 문제해결력을 키워나갈 수 있을 것이다.

# 창의성
# 폭발을 위한

# 강력한
# 도구

---

## AI 시대의 인간다운 창작법, 익스페리멘탈 인사이트

'익스페리멘탈 인사이트'는 즉각적인 실험을 통해 문제를 해결하고 아이디어를 발전시키는 창의적 방법론이다. 이는 직접 만들고 체험하면서 문제의 본질을 발견하는 접근법으로, 복잡한 계획이나 사전 준비를 최소화하고 바로 실천 단계로 들어가는 것이 특징이다. 일반적인 작업 방식이 자료 조사와 아이디어 구상 후 실물 제작으로 이어지는 것과 달리, 직접적인 제작 과정을 통해 생각을 구체화한다.

익스페리멘탈 인사이트의 강점은 즉각적인 피드백과 가치의 우연한 발견에 있다. 스케치나 간단한 모형을 만들면서 아이디어를 즉시 구현해보고 문제점을 발견할 수 있다. 직접 만드는 과정에서 우연한 발견으로 새로운 아이디어를 얻기도 하고, 예상과 다른 형태로 구현된 실험적 결과물에서 영감을 받아 혁신적인 디자인이 탄생하기도 한다.

디지털 제품 개발에서도 이 접근법은 효과적이다. 키오스크나 공공시설 정보 등의 인터페이스를 디자인할 때, 종이 프로토타입을 활용해 유저 플로우를 시뮬레이션하는 것만으로도 직관적인 사용성 평가가 가능하다. 이러한 물리적 시뮬레이션으로 인해 디지털 프로토타입 개발에 들어가는 시간과 비용을 절감할 수 있으며, 초기 단계에서 주요 문제점을 빠르게 발견하고 개선할 수 있게 해준다.

익스페리멘탈 인사이트의 적용 범위는 전문적인 제품 개발을 넘어 일상적인 문제해결에도 확장된다. 직접 눈으로 보고 만져보며 형태를 만들어가는 과정은 추상적인 아이디어를 구체화하는 데 큰 도움이 될 뿐만 아니라, 예측하는 것 이상의 깊은 통찰을 준다. 가령 인테리어를 고민한다고 생각해보자. 종이와 연필로 평면도를 그리고, 가구나 장식물을 모형으로 만들거나 그림으로 그려 평면도에 배치해보며 시뮬레이션 할 수 있다.

이렇게 구체화된 이미지를 통해 공간의 흐름과 동선까지 미리 파악하는 것은 물론이고, 실제 배치할 때 미처 예상 못한 시행착오까지 없앨 수 있다. 직접 만들어보는 과정을 통해 그저 머릿속에서 상상하는 것보다 더 구체적이고 현실적인 공간 구성을 가늠할 수 있게 되는 것이다.

## 알고리즘으로는 대체불가한 '인간다움'의 영역

익스페리멘탈 인사이트의 실용적 장점은 시간과 비용 절감에 있다. 복잡한 소프트웨어나 고가의 장비 없이도 해결책을 모색할 수 있으며, 초기 단계에서 간단한 도구만으로도 빠르게 아이디어를 검증할 수 있다. 또한 이렇게 구현된 다양한 아이디어는 향후 참고할 수 있는 자산이 되어, 자신만의 창작 라이브러리를 구축하는 기반이 된다.

앞서 언급했듯 이 방법은 다양한 분야에서 효과적으로 활용할 수 있다. 제품 디자인에서는 종이와 펜만으로도 기본적인 형태를 만들어 사용성을 평가할 수 있다. 공간 디자인에서는 간단한 평면도와 모형으로 배치를 시뮬레이션하며 동선을 파악할 수 있다. 교구 개발에서는 실제 조립 과정을 통해 예상치 못한 문제점을 발견하고 새로운 조합을 시도할 수 있다. 미래 기술 분야에서는 실현되지 않은 서비스나 고가의 장비가 필요한 환경을 간단한 프로토타입으로 시뮬레이션해 사용자 경험을 미리 검증할 수 있다.

AI 시대에 이러한 실험적이고 촉각적인 접근법의 중요성은 더욱 커지고 있다. AI가 제공하는 수많은 가능성 중에서 실제로 가치 있는 솔루션을 선별하고 발전시키기 위해서는, 즉각적인 실험과 검증을 통한 반복적 개선이 필수적이기 때문이다. 손으로 직접 재료를 다루고 사물을 입체적으로 경험하며 얻게 되는 감각적 피드백은 익스페리멘탈 인사이트의 본질이다. 이는 단순한 제작 방법론을 넘어, AI와 인간의 창의적 협업을 위한 중요한 기반이 된다. 특히 시행착오 과정에서 발생하는 우연한 발견과 실수에서 의미를 찾아내고 이를 새로운 가치로 전환하는 것은 AI의 알고리즘으로는 결코 대체할 수 없는 인간다움의 영역이다.

가구 디자인을 한다고 생각해보자. 3D 모델링으로 디자인하거나 완벽한 설계도를 그리는 것보다 실제로 작은 규모의 프로토타입을 만들어보는 것이 더 많은 인사이트를 제공한다. 이 과정에서 예상치 못한 문제점을 발견할 수 있다. 재료의 질감이나 강도가 예상과 다르다거나 조립 방식이 생각보다 복잡하다는 등의 실제적인 어려움을 경험하게 된다. 그런가 하면 실제 제작 과정에서 우연히 발견되는 새로운 구조나 기능이 혁신적인 디자인으로 발전하기도 한다. 실수로 휘어진 부분이 오히려 더 안정적인 구조를 만들어내거나 재료의 제약으로 인해 새로운 결합 방식을 고안해내는 등의 창의적인 순간을 맞이할 수 있는 것이다.

이러한 과정을 거치면 재료 선택부터 마감 처리까지 가구의 전체적인 맥락을 고려한 더욱 독창적이고 실용적인 디자인을 개발할 수 있다. 이처럼 익스페리멘탈 인사이트는 실제적이고 혁신적인 결과물을 만들어내는 효과적인 방법이다.

다만 이 방법을 활용할 때는 몇 가지 주의할 점이 있다. 초기 프로토타입에 지나치게 집착하면 시야가 좁아져 다양한 가능성을 놓칠 수 있다. 따라서 시작부터 유연한 사고로 접근하며, 매순간 피드백을 반영하고 더 나은 해결책을 모색하는 자세가 중요하다. 익스페리멘탈 인사이트는 궁극적으로 아이디어를 현실에 가깝게 구체화하고 깊이 있는 통찰을 얻는 강력한 도구지만, 그 성공은 이러한 한계를 인식하고 유연하게 대처하는 능력에 달렸다.

익스페리멘탈 인사이트는 AI 시대에 더욱 빛을 발하는 창의적 방법론이다. 이는 어떤 자세로 활용하느냐에 따라 비용 절감과 시간 단축이라는 효율적 가치를 넘어, 인간만이 가질 수 있는 총체적 경험과 직관적 통찰을 이끌어내는 강력한 도구가 될 수 있다. 디지털 기술이 발전할수록 이러한 아날로그적 접근이 가진 가치는 더욱 커질 것이다. 손으로 만지고, 눈으로 보고, 몸으로 느끼는 과정에서 우리는 AI가 결코 모방할 수 없는 독특한 창의성을 발현할 수 있기 때문이다.

# 롤플레잉
# 프로토타입으로

# 문제해결력
# 기르는 법

---

## 체험을 통해 문제해결의 실마리를 찾다

익스페리멘탈 인사이트를 적용하는 방법 중 하나로, 롤플레잉
(Role-Playing) 프로토타입을 추천한다. 롤플레잉 프로토타입은 제
품이나 서비스의 핵심 상황을 설정하고 구성원들이 각자 역할을
맡아 실제와 유사한 상황을 시뮬레이션하는 방법이다. 개발에 참
여한 사람들이 직접 가상의 서비스를 체험하면서 실제 사용자처
럼 직관적인 피드백을 얻을 수 있을 뿐만 아니라 사용자 중심의
인사이트를 발견할 수 있다. '실행을 통한 통찰'을 얻는 것이 핵심
이며, 이는 서비스 방향을 빠르게 검토하고 개선하는 데 매우 유
용하다.

이 방법의 가장 큰 강점은 실제 개발 전에 저비용으로 문제점을 발견하고 개선하는 것을 물론, 디자이너가 사용자와 시스템 양측의 역할을 경험하며 다각적 관점에서 미처 발견하지 못했던 새로운 가능성을 도출할 수 있다는 점이다.

자율주행 차량의 음성 인터페이스를 개발한다고 가정해보자. 한 구성원이 AI 시스템 역할을, 다른 구성원이 운전자 역할을 맡아 다양한 상황을 시뮬레이션할 수 있다.

**AI 역할**    전방 3킬로미터 구간에 공사가 진행 중입니다. 우회로를 이용하시겠습니까?

**운전자 역할**  네, 하지만 고속도로는 피해주세요.

**AI 역할**    네, 일반도로를 통한 최적 우회 경로를 탐색했습니다. 예상 소요 시간은 10분 추가됩니다. 이 경로로 안내해드릴까요?

**운전자 역할**  좋습니다. 그런데 가는 길에 주유소가 있나요?

**AI 역할**    네, 우회로에 주유소가 있는지 검색하겠습니다. 주유소 세 곳이 확인되었습니다. 가장 가까운 주유소를 지나는 경로를 알려드릴까요?

이러한 시뮬레이션을 통해 경로 변경, 추가 요청, 긴급 상황 대응 등 실제 주행 중 발생할 수 있는 다양한 시나리오를 사전에 검

**롤플레잉 프로토타입을 통해 시각화한 애플 비전 프로 이커머스 서비스**
공간 인터페이스의 요소를 롤플레잉 프로토타입으로 구현했다. 이 방법은 구체적
인 시뮬레이션을 통해 실제 상황에서 일어날 수 있는 문제를 빠르게 파악할 수 있
게 해준다. ⓒ정진영·이종현·양준홍

증할 수 있다. 특히 자율주행 인공지능과 같은 첨단 기술 개발에서 이 기법은 추상적 개념을 구체적 경험으로 전환시켜 실질적인 문제해결을 가능하게 한다.

위의 대화를 통해 '운전자가 요청하지 않아도 주유가 필요한 시점에 주유할 위치를 제안한다'는 인사이트가 생기고, 기술적인 테스트와 함께 현실 가능성을 검토할 수 있게 된다. 더 나아가 운전자의 일정에 '둘째 아이의 생일'이 표기되어 있다면 AI는 집에 돌아오는 길에 "둘째 아이의 생일이니 근처 제과점에서 케이크를 준비해보세요"라고 제안하는 마케팅적 시나리오로 확장할 수도 있다.

롤플레잉 프로토타입의 강점은 다양한 관점을 동시다발적으로 체험할 수 있다는 점이다. 사용자의 불편, 개발자의 기술적 한계, 기획자의 비즈니스 목표, 마케터의 시장성 평가 등 각기 다른 관점을 통합적으로 이해할 수 있다.

실제 교육 현장에서 이 방법은 효과적으로 활용된다. 일례로 학생들과 MR 개발 프로젝트를 진행할 때 이 방식을 적용했다. 마이크로소프트의 홀로렌즈(Microsoft HoloLens)나 애플의 비전프로 같은 MR 장치를 설계하면서, 일체의 장비 없이 가상의 시나리오만을 통해 사용자 경험을 시뮬레이션했다. 한 학생은 비전프로를 착용한 것처럼 가장하고, 다른 학생들이 가상 인터페이스 시스템 역할을 수행하면서 사용자의 제스처나 음성 명령에 대한 시스템의 반응을 구현해본 것이다. 사용자가 다음 콘텐츠를 보려고 제스처로 스와이프 동작을 하면 해당 인터페이스 역할을 하는 사람이 물질적으로 움직이는 방식이다.

정교하게 설계한 상태에서 진행한 것이 아니었음에도 불구하고 시뮬레이션을 직접 해보는 것은 충분히 의미가 있었다. 이러한 단순화된 시뮬레이션은 고가의 장비나 복잡한 기술 없이도 시스템의 핵심 원리와 사용자 경험을 이해하는 데 큰 도움이 된다. 실제 기술 구현 대신 사람들이 각자의 역할을 맡아 인터랙션을 재현함으로써, 개발 초기 단계에서 발생할 수 있는 문제점을 효과적으로 파악하고 해결할 수 있다.

## '일단 해보자'는 실행 중심적 태도의 가치

롤플레잉 프로토타입을 활용할 때 주의할 점이 있다. 이 방법론은 본질적으로 실험과 학습을 위한 도구이므로, 지나치게 정교한 시나리오나 완벽한 연출에 매몰되어서는 안 된다. 대신 핵심 아이디어를 신속하게 테스트하고 주요 인터랙션을 검증하는 데 집중해야 한다.

실제 현장에서 지나치게 상세한 시나리오 구성이나 완벽한 실행에 과도한 시간과 자원을 투자하는 경우가 종종 있다. 이는 프로토타입의 핵심 가치인 '신속한 검증'과 '유연한 개선'을 저해할 수 있다. 롤플레잉 프로토타입의 성공은 생각에서 행동으로의 즉각적인 전환에 달렸다. 즉시 실행하고 체험하면서 아이디어를 구체화하고 문제를 해결해나가는 것이다. '일단 해보자'라는 실행 중심적 태도로 추상적 논의에서 벗어나 실제 상황을 체험하는 과정에서, 생각만으로는 얻을 수 없는 귀중한 통찰이 생겨난다.

예를 들어 자율주행 차량의 AI 시스템을 개발할 때는 완벽한 센서 시뮬레이션이나 세부적인 인터페이스 구현에 매달리기보다, 핵심적인 의사결정 흐름과 사용자 대응 방식을 우선적으로 검증하는 것이 효과적이다. 이 과정에서 가장 중요한 것은 실제 사용자들의 반응과 피드백이다. 롤플레잉 프로토타입의 진정한 가치는 실제 사용자들의 경험과 의견을 통해 드러난다.

초기 단계부터 다양한 배경을 가진 실제 사용자들과 함께 시뮬레이션을 진행하고, 그들의 피드백을 적극적으로 수용하는 과정이 필요하다. 이는 단순한 의견 수집을 넘어 사용자들의 행동 패턴, 감정적 반응 그리고 잠재적 요구사항까지 파악할 수 있는 기회가 된다.

롤플레잉 프로토타입의 진정한 가치는 구현의 정교함이 아닌 학습과 개선의 효과성에 있다. 빠른 실행과 피드백의 순환 그리고 이를 통한 지속적인 개선이 프로토타입의 가치를 만들어낸다. 특히 AI와 같은 첨단 기술 개발에서 기술과 사용자 경험 간의 간극을 줄이는 핵심은 사용자 관점에서의 직접적인 체험과 반복적인 개선이다.

진행 중이거나 계획 중인 프로젝트에 롤플레잉 프로토타입을 적용하는 것을 고려해볼 때다. AI 기술이 아무리 발전하더라도, 인간의 실제 경험과 체험을 통한 학습의 가치는 변하지 않을 것이기 때문이다. 이러한 실행 중심적 접근은 기술 개발 과정에서 놓치기 쉬운 인간적 맥락과 사용자 니즈를 효과적으로 포착하게 해준다.

# 프로토타입으로
# 발견하는

# 혁신의
# 순간

---

## AI가 되어보는 실험

네이버의 생성형 AI 검색 서비스 큐:가 첫 데모 단계에 도달했을 때였다. AI의 대화는 유창했지만, 검색 서비스의 본질인 정보 전달에 대한 고민이 필요했다.

검색 디자인 설계를 맡은 우리 팀은 하루 동안 특별한 실험을 진행했다. 데모를 개발하기에 앞서 팀원들이 직접 AI 역할을 맡아본 것이다. 이 과정에서 새로운 발견이 있었다. 질문의 의도에 따라 정보를 다르게 구조화해야 한다는 점이었다.

"이번 월드컵은 어디서 해?"라는 질문엔 두괄식으로 "2026년 FIFA 월드컵은 미국, 멕시코, 캐나다에서 공동 개최됩니다"라고 답하는 것이 효과적이었다. 반면 "오늘 날씨에 맞는 옷차림을 알려줘" 같은 질문에는 상황을 설명한 후 제안하는 미괄식이 자연스러웠다. "현재 기온은 18도입니다. 오후부터 기온이 더 떨어지고 비 소식이 있어 레인재킷을 추천드립니다."

이 실험을 토대로 정보 전달 방식을 재구성했다. 뉴스처럼 핵심을 먼저 전달하는 두괄식, 상황을 설명한 후 결론을 내는 미괄식 그리고 문장을 간결하게 요약해 핵심 내용만을 전달하는 개조식으로 구분했다. 대규모 언어 모델이 유창하게 답변하는 것은 기술의 영역이지만, 정보를 이해하기 쉽게 구조화하는 것은 디자인의 영역이었다.

이런 발견을 바탕으로 대화형 검색 인터페이스를 설계했다. 한글 문장의 최적 길이부터 문단 구성, 멀티미디어 활용, 출처 표시 방식까지 세세하게 고려했다. 특히 한 문장의 적정 단어 수, 문단 내 문장 수, 시각 자료 배치 등 읽기 편한 정보 구조를 만드는 데 집중했다. 출처 정보도 글의 흐름을 방해하지 않으면서 신뢰성을 높일 수 있는 위치에 배치했다.

검색 결과를 체계화하자 사용자들의 정보 이해도가 크게 향상되었다. 우리는 이러한 답변 구조를 AI 학습 데이터셋으로 만들어 모델 개발팀에 전달했다. 맥락에 맞는 최적의 정보 전달 방식을 찾아낸 것이다.

이 실험은 중요한 전환점이 되었다. 단순히 AI 기술을 구현하는 것을 넘어, 사용자가 원하는 정보를 가장 효과적으로 전달하는 방법을 찾아낸 것이다. 검색의 본질은 결국 사용자가 원하는 정보를 쉽게 이해하고 활용할 수 있게 하는 것임을 다시 한번 확인한 순간이었다.


## 실험이 증명한 프로토타입의 가치

프로토타입은 문제의 본질을 발견하는 강력한 도구다. 특히 AI 시대에는 기술적 구현에 앞서 인간의 행동과 필요를 깊이 이해하는 것이 더욱 중요해졌다.

선도적인 기업들은 이미 이러한 접근법의 가치를 입증하고 있다. 자율주행 기술을 개발하는 테슬라는 AI 알고리즘 개발에 앞서 수백 명의 전문 운전자들의 의사결정 패턴을 심층 분석했다. 마이크로소프트의 홀로렌즈 OS팀은 고비용의 데모 개발 대신 종이와 간단한 재료로 만든 프로토타입으로 수개월간의 사용자 경험 연구를 진행했다. 이러한 사례들은 첨단 기술 개발에서도 인간 중심적 접근이 매우 중요하다는 것을 보여준다.

"완벽한 계획보다 불완전한 실행에서 더 많은 것을 배운다"라는 말이 있다. AI 시대의 프로토타입은 이 오래된 지혜에 새로운 의미를 부여한다. 기술이 복잡해질수록 우리는 역설적으로 더 단순한 방식으로 문제의 본질에 접근해야 한다. 최첨단 AI 시스템을 개발하기 위해 먼저 종이 프로토타입으로 실험하고, 복잡한 알고리즘을 설계하기 전에 인간이 직접 그 역할을 수행해보는 것이다.

프로토타입의 진정한 가치는 실패를 통한 학습에 있다. 완벽하지 않은 프로토타입이 오히려 더 많은 학습 기회를 제공할 수 있다. 신속한 시도, 실패 그리고 학습의 반복적인 과정이 AI 시대의 혁신을 주도하는 핵심 전략이 된다.

롤플레잉 프로토타입은 이러한 실험과 학습의 과정을 더욱 강화한다. 우리가 직접 시스템이나 서비스의 일부가 되어봄으로써 데이터나 이론으로는 결코 알 수 없는 통찰을 얻을 수 있다. 이는 깊은 이해와 공감을 통한 창조적 행위다.

AI 시대의 역설은 기술이 고도화될수록 더욱 인간적인 통찰이 중요해진다는 점이다. 프로토타입은 기술과 인간 경험 사이의 간극을 메우는 핵심 도구가 된다. 실패를 두려워하지 않고 이를 학습의 기회로 전환하는 자세야말로 이 시대에 요구되는 진정한 혁신적 태도다.

# 변화하는
# 시대,

# 진화하는
# 전문성

---

## 기술 발전이 만드는 일자리의 풍경

현대 사회의 기술혁신은 서비스 업계의 풍경을 급격히 변화시키고 있다. 홍대 앞 상권에서 확산되고 있는 키오스크 도입은 이러한 변화의 단면을 보여준다. 터치스크린 방식의 주문 및 결제 시스템인 키오스크를 많은 자영업자가 환영한다고 한다. 업주 입장에서는 키오스크가 매장 운영 효율성을 높이고, 인건비를 절감하는 수단이 되었다. 인건비 상승이 지속되는 상황에서 사람을 고용하는 대신 키오스크나 태블릿을 설치하는 것이 경제적으로 더 유리한 선택이 되고 있는 것이다.

매장 직원들의 입장에서는 어떨까? 그들 입장에서도 키오스크는 긍정적인 측면이 있다. 직접 손님을 응대하는 부담에서 벗어나, 주문 과정에서 발생할 수 있는 무리한 요구나 불쾌한 언행, 때로는 지시 불응과 같은 스트레스 상황을 사전에 피할 수 있게 된 것이다.

이러한 기술의 도입은 서비스 업계에 큰 변화를 가져왔다. 업주에게는 비용 절감의 기회를, 직원들에게는 업무 부담의 감소를, 소비자에게는 신속하고 효율적인 서비스를 제공하며, 서비스업 운영 방식을 근본적으로 재구성하고 있다.

직업의 형태는 이제 전통적인 관념에서 벗어나 새로운 방향으로 진화하고 있다. 이는 비단 인공지능 시대만의 특수한 현상이 아니다. 역사적으로 기술 발전과 함께 직업 세계는 끊임없이 변화해왔으며, 이는 인류 발전 과정의 자연스러운 흐름이었다.

우리가 살고 있는 시대는 끊임없이 변화하고 직업 세계 역시 이러한 흐름에 발맞춰 진화하고 있다. 많은 이가 이러한 변화를 두려워하지만, 시각을 달리하면 이는 곧 새로운 기회이자 무한한 가능성을 의미한다. 과거에 존재하지 않았던 형태의 일자리가 계속해서 생겨나고 있으며, 이는 우리의 미래를 더욱 다채롭게 만들어줄 것이다.

하지만 이러한 변화의 시대를 즐겁게 살아가려면 새로운 기술을 습득하고 미래를 준비하는 노력이 필요하다. 기술 변화의 흐름을 이해하고 적극적으로 대응한다면, 우리는 훨씬 더 효율적이고 창의적으로 일할 수 있는 기회를 얻게 될 것이다. 또한 기술 발전이 가져오는 혜택을 최대한 누리면서도, 인간이 지닌 고유한 능력을 발휘하는 새로운 영역을 개척할 수 있을 것이다. 결국 변화 자체보다 변화에 대한 우리의 태도가 미래의 성공을 좌우하는 열쇠다.

17세기 사진 기술이 화가들의 존재를 위협했던 역사적 경험은 오늘날 급격한 기술 변화를 마주한 우리에게 의미 있는 시사점을 제공한다. 사진 기술이 발달하기 전, 화가들은 카메라 옵스큐라(Camera Obscura)라는 기술을 활용해 사실적인 표현을 극대화했다.

카메라 옵스큐라는 큰 방에 작은 구멍을 뚫어 외부의 피사체가 내부의 벽에 거꾸로 투영되도록 하는 방식으로, 핀홀 카메라의 원리와 유사하다. 작은 구멍을 통해 들어온 빛이 벽에 투영되어 이미지가 형성되는 이 기술 덕분에 화가들은 피사체의 세밀하고 정교한 묘사가 가능해졌다.

〈진주 귀걸이를 한 소녀〉로 널리 알려진 요하네스 페르메이르(Johannes Jan Vermeer)와 같은 네덜란드 출신 화가들은 이 기술을 활용해 17세기를 대표하는 작품들을 남겼고, 뛰어난 사실적 묘사로 큰 인기를 얻었다.

또한 카메라 루시다(Camera Lucida) 같은 드로잉 보조 도구도 등장해 화가들이 대상의 외곽선과 세부 요소를 더 정확하게 따라 그

**그림을 보다 사실적으로 그리기 위해 발명된 카메라 옵스큐라**

'어두운 방'이라는 의미를 지닌 카메라 옵스큐라를 이용해 많은 화가가 실제에 가까운 그림을 그렸다. 작은 구멍을 통해 들어온 빛이 벽에 투영되어 이미지가 형성되기 때문에 피사체를 실제에 가깝게 그려낼 수 있었다.

릴 수 있도록 도왔다. 카메라 루시다는 특별한 프리즘과 거울 또는 현미경을 사용해 화가가 캔버스나 종이에 겹쳐 보이는 이미지를 그대로 따라 그릴 수 있게 한 장치로, 인물화나 정물화 작업에 유용하게 쓰였다. 이러한 도구들은 화가들이 더 사실적이고 세밀한 묘사를 할 수 있게 해줬으며, 회화의 사실성을 극대화하는 데 크게 기여했다.

그러나 18세기로 넘어가며 사진 기술이 발전하자, 사실을 재현하는 회화의 의미는 점차 퇴색하기 시작했다. 사진이 사실적 묘사를 대신하게 되면서 사물을 그대로 재현해 화폭에 담는 것이 의미를 잃은 것이다. 화가들은 회화의 본질에 대해 고민하고, 예술적 표현의 새로운 방향을 모색하게 되었다. 이 변화는 예술이 기술 발달과 함께 어떻게 진화해야 하는지에 대한 중요한 성찰을 남겼다.

이런 성찰 끝에 새로운 방향을 모색하고 자신만의 길을 개척한 대표적인 화가가 모네(Claude Monet)와 세잔(Paul Cézanne)이다. 모네는 빛에 대한 분석에 집중했고, 세잔은 여러 시점에서의 추상적 표현을 연구했다. 사실의 재현을 넘어서는 예술적 가치를 창출한 것이다.

이 시도들은 인상주의라는 미술 사조를 탄생시켰다. 또한 피카소(Pablo Picasso)로 대표되는 큐비즘(Cubism) 등 현대 미술의 혁신적인 흐름에 큰 영향을 미쳤다. 결과적으로 사진 기술의 발전이 가져온 위협에 대응하기 위한 화가들의 시도가 현대 미술의 획기적인 발전을 이끌어내는 계기가 된 것이다.

이러한 역사적 경험은 현재 AI 시대를 살아가는 우리에게 중요한 시사점을 제공한다. 기술 발전은 기존 직업을 위협하는 동시에 새로운 가능성과 혁신의 기회를 제공한다.

결국 기술 발전이 가져오는 변화는 피할 수 없는 현실이지만, 이를 두려워할 필요는 없다. 화가들이 사진 기술의 등장에 대응해 예술의 새로운 영역을 개척한 것처럼 오히려 새로운 기술을 인간의 창의성을 확장하는 도구로 활용하고, 기술이 대체할 수 없는 인간만의 고유한 가치를 발견하고 발전시키는 데 집중해야 한다. 변화에 대한 우리의 태도와 대응이 미래의 성공을 좌우하는 핵심 요소가 될 것이다.

## AI 시대, 직업 지형도의 재편

한국은행이 2023년 11월 발표한 〈AI와 노동시장 변화 보고서〉는 AI가 가져올 고용 시장의 구조적 변화를 명확히 보여준다. 보고서에 따르면 AI가 전체 일자리의 12%에 해당하는 약 341만 개의 일자리를 대체할 것으로 전망된다. 이는 노동 시장의 근본적인 재편이 임박했음을 시사한다.

특히 데이터 분석, 의료 진단, 회계, 법률, 운송 등의 분야가 인공지능 대체 위험이 높은 것으로 분석되었다. 이러한 직종들은 정형화된 업무 프로세스와 데이터 기반 의사결정이 핵심을 이루기 때문에, 생성형 AI의 적용이 상대적으로 용이하다.

의료 진단 분야에서 AI는 이미 방대한 의료 데이터를 분석해 높은 정확도의 진단을 제공하고 있으며, 이 추세가 더욱 가속화될 것으로 보인다. 법률 분야에서도 AI는 판례 분석과 문서 검토 과정을 획기적으로 효율화하고 있다. 또한 운전기사들의 일자리도 자율주행 기술의 발전으로 인해 위협을 받을 수 있다.

반면 인공지능 엔지니어와 인공지능 윤리 전문가 같은 직업이 생겨나고 있다. 인공지능 연구 개발자는 이전에는 상상할 수 없었던 생성형 AI 알고리즘과 모델을 개발하고 개선하는 일을 한다. 이 직업은 데이터 과학과 머신러닝에 대한 깊이 있는 이해를 요구하며, 인간이 사고하는 방식을 기계에 이식하는 과정에서 혁신적인 솔루션을 제공한다.

인공지능 윤리 전문가는 생성형 AI 기술의 윤리적 사용을 연구하고 가이드라인을 제시하는 중요한 역할을 한다. 철학, 법학, 컴퓨터 과학이 결합된 이 직업은 AI가 사회에 미치는 영향을 깊이 탐구하며, 인간과 기계의 경계를 탐색하는 과정에서 새로운 윤리적 지평을 열어간다.

이 직업들은 산업의 발달에 따라 자연스럽게 등장한 새로운 역할들로, 과거에는 상상조차 할 수 없었다. 이처럼 기술의 진보는 일부 직업을 사라지게 하지만, 동시에 새로운 직업을 창출하며 우리 사회를 끊임없이 변화시키고 있다.

세상은 지속적으로 변화해왔고, 인류는 그 변화 속에서 적응하며 발전해왔다. 지금 우리가 마주한 변화 역시 두려움의 대상이 아닌 도약의 기회다. 사진기의 등장이 화가들에게 단순한 재현을 넘어선 예술적 탐구의 길을 열어주었듯이, 인공지능은 인간 고유의 독창성을 발휘할 새로운 기회를 제공한다.

이 시점에서 우리에게 필요한 것은 적극적인 대응과 지속적인 역량 개발이다. 특히 단순 반복적인 업무를 수행하는 직군에서는 더욱 능동적인 변화가 요구된다. AI가 단순 작업을 대체한다면 우리는 더 창의적이고 복잡한 문제해결에 집중해야 한다. 기술을 사용하는 것에 그치는 것이 아니라, 기술과 함께 성장하고 발전하는 방법을 찾아야 하는 것이다.

미래에는 현재 우리가 상상하지 못하는 직업들이 지속적으로 등장할 것이다. 이는 기술혁신과 사회적 수요가 만나는 지점에서 탄생할 것이며, 우리의 일하는 방식을 근본적으로 변화시킬 것이다. 이러한 변화 속에서 성공적으로 적응하기 위해서는 일의 본질과 인간다움의 가치를 재정립하는 것이 중요하다.

생성형 AI가 할 수 있는 일과 인간만이 할 수 있는 일은 무엇인지, 인간과 기술이 어떻게 조화롭게 발전할 수 있을지 등을 깊이 고민해야 할 때다. 이는 기술적 한계를 뛰어넘는 철학적, 윤리적 질문이며, 우리 사회의 미래를 결정짓는 중요한 과제가 될 것이다.

# 당신만의
# 스토리가

# 경쟁력이
# 된다

---

## AI는 정답을 찾지만, 인간은 의미를 만든다

우리의 삶은 입력과 출력의 관계를 넘어선다. 삶은 예측할 수 없고 때로는 모순적이며 끊임없이 변화하는 복잡한 과정이다. 이 과정은 각자의 고유한 이야기로 채워지며, 이 이야기야말로 인간이 인공지능과 구별되는 본질적 요소다.

그런 의미에서 AI 시대에 우리가 지닌 가장 큰 경쟁력은 삶의 의미를 발견하고 이를 통해 만들어가는 각자의 고유한 스토리다. 인공지능은 효율성과 정확성 면에서 탁월하며 다양한 문제를 빠르게 해결할 수 있다. 그러나 이 과정에서 느끼는 감정과 삶의 의미를 발견하는 능력은 AI가 넘볼 수 없는 인간의 영역이다.

우리는 기쁨과 슬픔, 성공과 실패, 사랑과 상실 등 다양한 경험을 한다. 이러한 경험들은 단순히 지나가는 사건이 아니라, 우리를 형성하고 변화시킨다. 경험은 우리의 세계관을 넓히고, 공감 능력을 키우며, 우리만의 독특한 관점과 지혜를 만들어낸다. 인공지능은 이러한 경험들을 시뮬레이션할 수 있을지 모르지만, 인간처럼 그것을 진정으로 체험하고 그로부터 성장을 이뤄내는 것은 불가능하다.

개개인의 스토리가 의미 있는 이유는 그 안에 담긴 인간적 경험, 정서 그리고 고유한 서사 덕분이다. 스토리가 '어떠한 일이 일어났는가'에 초점을 맞춘다면, 서사는 '왜 일어났는가' '그것은 어떤 의미를 지니는가'를 탐구한다. 서사는 단순한 사건 그 자체가 관점과 기준에 따라 다양한 해석의 여지가 있는 일련의 것이다. 그러므로 서사는 인간의 경험을 이해하고 해석하는 강력한 도구로써 우리의 삶에 의미와 방향성을 부여한다.

각자의 고유한 서사는 개인의 삶에만 국한되지 않고, 인류 전체의 지혜와 문화를 형성하는 중요한 토대가 된다. 우리의 이야기는 서로 얽히고설켜 하나의 거대한 서사를 만들어낸다. 이러한 집단적 서사는 피상적인 정보의 집합이 아니라, 인간이 함께 살아가면서 쌓아온 경험과 지혜의 집합체다.

이는 테드 창(Ted Chiang)의 SF 단편 〈네 인생의 이야기〉에서 보여주는 선택의 가치와도 맞닿아 있다. 주인공인 루이즈 뱅크스는 언어학자로 지구를 찾은 외계 생명체의 언어를 연구하면서 아직 태어나지 않은 딸의 생애를 미리 보게 된다. 그녀는 자신의 미래에 딸을 낳게 되고, 그 딸이 얼마나 사랑스러운지도 알 수 있었다. 하지만 그와 동시에 딸이 어린 나이에 세상을 떠나게 될 운명임을 알게 된다.

만일 당신이라면 어떤 선택을 하겠는가? 축복 같은 시작이 비극적인 결말을 맞이할 것이라는 걸 알면서도 그 길을 갈 것인가? 아니면 그 비극을 직면하는 것이 두려워 축복을 포기할 것인가?

루이즈는 딸과 함께할 행복한 순간들과 부모로서 느낄 사랑과 고통까지도 모두 받아들이기로 결심한다. 그녀는 딸의 탄생부터 죽음까지 모든 과정을 이미 알고 있지만, 그 과정을 온전히 겪기로 마음먹은 것이다. 그 모든 순간이 그녀에게 특별한 의미를 지니고 있기 때문이다.

비극으로 치닫는 끝을 알면서도 그 과정을 모두 겪는다는 것은 인간의 경험이 단지 결과로만 정의될 수 없음을 보여준다. 삶은 결과가 아닌 그 과정에서 형성되는 관계와 경험의 총체이며 인생의 진정한 의미는 각각의 순간에 느끼는 감정, 관계의 형성, 내가 내린 선택들에 의해 형성된다.

루이즈의 선택은 단순한 결과가 아닌 그 과정에서 발견된 사랑과 관계의 깊이, 삶의 본질적 의미를 향한 것이었다. 비록 그 끝이 비극일지라도 그 여정을 겪는 것은 우리를 더욱 깊이 있는 존재로 만들고, 인생의 진정한 가치를 깨닫게 해주는 과정이다. 삶은 결과에 의해 정의되는 것이 아니라, 그 여정에서 겪는 모든 순간이 모여 삶의 진정한 의미를 만들어내는 것이다.

## 일상의 경험이 쌓여 역사가 된다

나만의 의미 있는 스토리를 만들기 위해서는 경험을 깊이 있게 이해하고 내면화하는 과정이 필요하다. 이는 내면의 감정과 직관을 세심하게 관찰하고 귀 기울이는 데서 시작된다. 일상에서 마주하는 호기심이나 질투 같은 순간의 감정들은 개인만의 독특한 경험 해석의 출발점이 되며, 이를 통해 개개인의 고유한 서사가 형성된다.

개인의 서사를 발전시키기 위해서는 모든 경험에 대해 "왜?"라는 근본적인 질문을 던지는 습관이 중요하다. 어떤 일이 일어났는지를 아는 것에서 그치지 않고, 그 사건이 발생한 이유와 그로 인해 내가 느끼는 감정적 반응을 알아채고 탐구하는 과정에서 우리의 경험은 깊이를 더해간다. 사건을 다양한 관점에서 바라보고 재해석하는 연습도 필요하다. 내 관점뿐만 아니라 제3자의 관점, 객관적인 시각으로 재해석하는 과정은 나만의 서사를 더욱 풍부하게 만들며, 때로는 예상치 못한 통찰을 제공한다.

의미 있는 스토리는 특별한 사건만으로 구성되지 않는다. 일상의 작은 경험들이 축적되어 더 큰 이야기를 형성하듯, 평범한 순간들에도 의미를 부여하는 노력이 필요하다. 일상적 대화나 소소한 성취도 놓치지 않고 기록하고 성찰할 때, 그 안에서 발견되는 작은 의미들이 모여 서사의 깊이를 더해간다.

과거의 경험을 되돌아보는 것은 현재의 나를 더욱 깊이 이해하는 기회가 된다. 오랫동안 자신을 형성해온 경험들, 청소년기의 실패나 경력 초기의 좌절 같은 순간들도 지금의 시점에서 바라보면 새로운 통찰을 준다. 이를 통해 개인의 서사는 과거에서 현재로 이어지며, 시간의 흐름 속에 새로운 의미와 만나 더욱 풍성해진다. 이처럼 모든 경험을 무심히 지나치지 않고 다층적으로 바라보고 해석할 때, 나의 스토리는 의미 있는 이야기가 된다.

현대 사회에서 각자의 스토리는 단순한 삶의 기록을 넘어선다. 그것은 자신의 고유한 경쟁력이자, 나의 길을 찾아가는 데 필요한 미래를 위한 나침반이다. 기술이 아무리 발전해도, 개인의 고유한 스토리만큼 강력하고 독창적인 자산은 없다. 스토리는 개인의 성장과 발전을 증명하는 살아있는 증거이며, 이를 토대로 우리는 스스로 나아갈 방향을 찾는다.

더 나아가 스토리는 자신과 타인을 연결하는 다리가 된다. 기술이 발전해도 인간 사이의 공감과 이해는 대체 불가능하다. 개인의 서사를 나누고 서로의 경험에 귀 기울이는 과정에서 우리는 깊은 유대감을 형성하고 함께 성장하는 기회를 얻는다. 이러한 인간적 연결의 능력은 AI 시대에도 여전히 인간만의 고유한 가치로 남을 것이다.

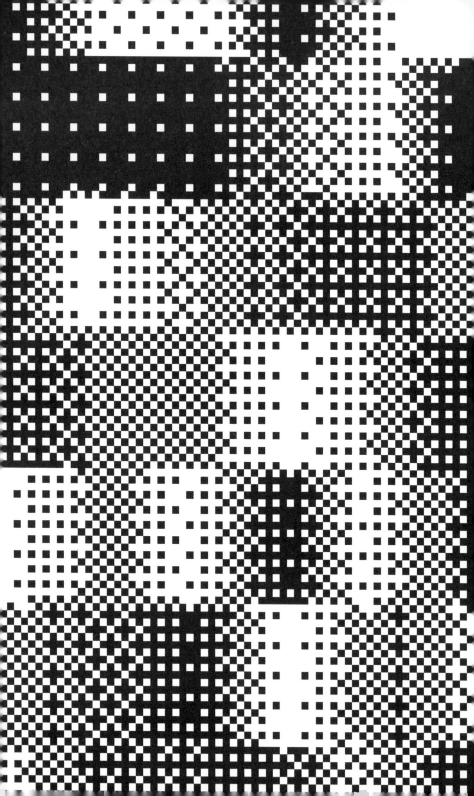

**V.**

**기술의
최전선에서 바라본
인간의 미래**

기술의 최전선에서 인간의 미래는 더욱 선명하게 보인다. 불과 몇 년 전까지 상상 속에서나 존재하던 생성형 AI가 우리의 일상을 재편하고, 실감형 콘텐츠와 공간 컴퓨팅이 새로운 산업 지형을 그리는 시대. 이러한 변화의 물결 속에서 우리는 두려움 대신 기회를, 불안 대신 가능성을 발견해야 한다.

이 장에서는 급변하는 기술 환경 속 패스트 무버의 삶을 탐색한다. 디지털과 아날로그의 균형을 찾고, 새로운 기준(뉴노멀)에 적응하며, 불확실한 미래를 기회로 바꾸는 방법을 살펴본다. 카누를 타면서 자연과 함께하는 완벽한 고요부터 글로벌 기업들의 AI 전략까지, 우리는 기술과 인간이 조화롭게 공존하는 미래의 모습을 그려볼 수 있다.

최첨단 기술이 발전할수록 역설적으로 인간다움의 가치는 더욱 빛난다. 디지털의 편리성과 아날로그의 깊이가 조화를 이룰 때, 우리는 진정한 의미의 풍요로운 미래를 만들어갈 수 있을 것이다.

# 불확실성을

# 기회로
# 바꾸는 법

---

## 월가 PDA 폰에서 발견한 인생의 대반전

'이게 뭐지? 왜 이 사람들은 휴대폰을 나와 다르게 쓰고 있지?'

　뉴욕에서 그래픽 디자이너로 일하던 시절, 월가의 증권맨들이 카페나 길거리에서 PDA 폰(스마트폰의 원형)으로 이메일을 확인하고 인터넷을 사용하는 모습이 내 호기심을 자극했다. 당시 통화와 문자메시지만 가능한 일반 휴대폰을 사용하던 나는 PDA 폰을 사용해 밖에서 업무를 하는 그들의 모습이 매우 인상적이었다.

　이 우연한 관찰은 내 경력의 의미 있는 전환점이 되었다. 이후 나는 문화와 디자인의 관계에만 치중된 관심사를 기술과 사용자 경험의 영역으로 확장시켰다. 이후 LA에서 모션 디자인을 배우고, 영국 런던의 왕립예술대학원에서 인터랙션 디자인을 연구하면서, 기술이 어떻게 인간의 행동과 경험을 변화시키는지 깊이 탐구할 수 있었다.

당시만 해도 UX나 UI라는 개념은 생소했다. 지금처럼 사용자 경험이 중요한 가치로 여겨지지 않았고, 인터랙션 디자인은 실험적인 분야로 취급되었다. 그럼에도 나는 이 미지의 분야에 뛰어들었고, 이는 결과적으로 옳은 선택이었다.

삼성전자에서 스마트 TV 프로젝트를 진행하고, 노키아에서 모바일 경험을 디자인하며, 마이크로소프트에서 AI 비서를 개발하는 동안 기술은 끊임없이 진화했다. 각각의 경험은 결과를 알 수 없는 도전이었지만, 동시에 새로운 기회였다.

돌이켜보면 내 경력의 변화는 항상 기술 발전의 흐름과 함께 했다. 그래픽 디자이너에서 인터랙션 디자이너로 그리고 AI 경험 디자이너로의 발전은 철저한 계획의 결과가 아닌, 기술 변화를 면밀히 관찰하고, 그 속에서 새로운 가능성을 발견하며, 그 가능성을 쫓은 행보의 결과다.

그래서 나는 성공적인 미래는 거창한 계획이 아닌 세심한 관찰에 있다고 종종 이야기한다. 호기심을 바탕으로 한 지속적인 관찰은 예상하지 못한 기회의 씨앗을 발견하게 해준다.

현대 사회에서 기존의 성공 공식은 더 이상 절대적이지 않다. 대학 졸업장과 전문 기술만으로는 성공을 보장받을 수 없는 시대

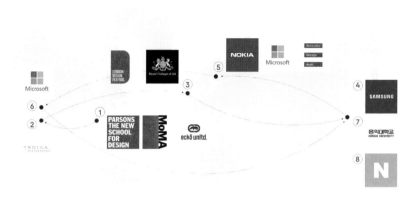

**저자의 이력을 세계지도에 표기한 이미지**

그래픽 디자인으로 시작해 모션 디자인을 거쳐, 인터랙션 디자이너가 된 내 이력
은 기술 발전의 흐름과 함께 변모했다.

가 되었다. 대신 우리에게는 무한한 가능성이 열려 있다. 미래에 대한 예측이 불가능한 만큼, 우리의 예상을 뛰어넘는 기회들이 지속적으로 등장할 것이다.

이러한 환경에서 성공하기 위해서는 변화에 대한 두려움을 극복하고 새로운 가능성을 적극적으로 탐색하는 자세가 필요하다. 변화의 흐름에 적응하지 못하는 사람은 점점 더 어려움을 겪게 될 것이다. 세상의 변화를 외면하고 익숙한 것만 고수한다면 뒤처질 수밖에 없다. 이는 결국 경제적 기회와 사회적 연결에서 소외될 가능성을 높인다.

앞으로 어떤 기술과 트렌드가 주목받을지는 누구도 알 수 없다. 하지만 변하지 않는 진실은 변화가 계속될 것이고, 그 속도는 더욱 빨라질 것이며, 그 양상은 우리의 상상을 뛰어넘을 것이라는 점이다. 과거 스마트폰의 등장이 우리의 일상을 완전히 바꿔놓았듯이 앞으로도 혁신적인 기술들이 우리 삶을 변화시킬 것이 분명하다.

새로운 기술과 트렌드를 빠르게 받아들이고 적응하는 패스트무버의 능력은 이제 선택이 아닌 필수다. 최신 기기를 사용하는 것을 넘어, 변화하는 환경에서 새로운 기회를 포착하고 활용할 수 있는 능력을 갖춰야 한다. 끊임없는 호기심과 적응력을 가지고 대응한다면, 어떤 미래가 와도 새로운 기회를 만들어낼 수 있을 것이다.

생성형 AI와 같은 새로운 기술을 접할 때, 많은 사람이 사용하기 어려울 것이라고 생각하며 지레 겁을 먹는다. 이는 기술에 대한 이해 부족에서 비롯된다. 새로운 기술일수록 복잡하고 전문적인 지식을 요구할 것이라고 오해하는 것이다.

하지만 실제로는 두려움을 느낄 이유는 전혀 없다. 과거를 돌이켜보면 우리는 이미 비슷한 과정을 여러 번 겪었다. 컴퓨터가 처음 등장했을 때를 떠올려보라. 당시에는 간단한 작업 하나를 위해 복잡한 명령어를 외워야 했다. 컴퓨터 앞에 앉은 사람들의 얼굴에는 긴장감이 가득했다.

하지만 지금은 어떠한가? 현재 컴퓨터를 비롯해 대부분의 디지털 기기가 누구나 쉽게 사용할 수 있도록 설계되어 있다. 기술이 얼마나 복잡한지 전혀 몰라도, 단순하고 직관적인 방식으로 필요한 기능을 사용할 수 있다는 뜻이다. 연세가 있는 어르신들도 스마트폰으로 채널을 자유롭게 탐색하고, 원하는 순간을 사진으로 남기고 이를 공유하며, 온라인에서 물건을 구매하는 데 어려움이 없다. 스마트폰 음성 비서를 통해 말 한마디로 날씨를 확인하고 음악을 재생하는 일은 누구나 쉽게 할 수 있다. 이는 기술의 발전이 무조건 최신 기능을 더하는 것이 아니라 사용자의 경험과 편의를 중심에 두고 진정한 사용자 중심 설계를 실현하고 있음을 보여준다.

생성형 AI도 이와 다르지 않다. 챗GPT 같은 AI 챗봇은 전문가만의 도구가 아니다. 우리는 큰 어려움 없이 자연스럽게 이 기술들을 사용할 수 있다. 실제로 생성형 AI를 사용하는 데에는 특별한 기술이나 인공지능의 전문 지식이 필요하지 않다. 마치 친구와 대화하듯 일상적인 언어로 원하는 바를 전달하기만 하면 된다. 복잡한 매뉴얼이나 사용법을 배울 필요도 없다. 간단한 질문 하나로도 깊이 있는 답변을 얻을 수 있어, 마치 개인 교사를 두고 대화하는 듯한 경험을 제공한다. 오직 필요한 것은 정확하고 적절한 질문이다. 기술이 점점 더 인간 친화적으로 진화하고 있는 것이다.

그러므로 우리가 할 일은 간단하다. 이 새로운 기술들을 두려워하지 않고 열린 마음으로 접근하는 것이다. 처음에는 어색할 수 있지만, 계속 시도한다면 어느덧 신기술이 나의 일상에 스며들게 될 것이다. 자전거를 처음 배울 때를 떠올려보자. 중심을 잡지 못해 휘청거리고 넘어질까봐 걱정되지만, 조금씩 균형을 찾아가다 보면, 어느새 자연스럽게 페달을 밟게 되는 것처럼 말이다. 익숙해지면 그 편리성과 즐거움에 금세 매료될 것이다. 새로운 기술을 익히는 과정이 생각보다 쉽고 재미있다는 걸 깨닫게 될 것이고 삶의 질도 올라갈 것이다.

# 상상이 빠르게 현실화되는 미래

앞으로 10년 후 우리의 일상은 현재의 예상을 뛰어넘는 모습으로 나타날 것이다. 마이크로소프트가 공개한 '생산성 미래 비전 2030(Productivity Future Vision 2030)'은 기술이 바꿀 우리의 일상을 생생하게 그려낸다. 이 비전 영상은 한 해양 연구원의 하루를 통해 미래 기술이 가져올 혁신적인 변화를 보여준다.

깊은 바닷속, 연구원은 첨단 스마트 글라스를 착용한 채 유영한다. 그녀의 시선이 향한 곳마다 생명체들의 정보가 떠오르고 수면 위 연구팀과의 소통도 끊김 없이 이어진다. 그녀가 발견한 희귀 해양 생물의 데이터는 연구실의 홀로그래픽 디스플레이에 입체적으로 구현된다. 연구팀은 실시간 3D 모델을 조작하며 해양 생태계의 변화를 예측하고 보존 전략을 수립한다.

연구실로 돌아온 그녀를 맞이하는 건 전혀 새로운 업무 환경이다. 회의실의 벽면은 거대한 인터랙티브 스크린으로 변모하고 그녀는 마치 지휘자처럼 손짓만으로 데이터를 자유자재로 조작한다. AI는 회의 내용을 자동으로 기록하며, 핵심 사항들을 정교하게 추출해 정리한다. 특히 인상적인 것은 원격 참석자들의 존재감이다. 홀로그램으로 구현된 동료들은 마치 실제로 옆에 앉은 양 자연스럽게 대화하고 상호작용한다.

오후가 되자 그녀는 도심의 카페로 자리를 옮긴다. 테이블 위에 태블릿을 펼치자 가상 키보드가 나타나고, AI는 그녀의 작업 맥락을 파악해 필요한 자료들을 선제적으로 제시한다. 동료들과의 협업 세션에서는 카페 테이블이 홀로그램 작업 공간으로 변신한다. 커피잔 옆으로 펼쳐지는 가상의 데이터들을 손끝으로 정교하게 다루며 프로젝트를 진행한다.

해외 출장도 한결 수월해졌다. 공항에서는 얼굴 인식만으로 모든 탑승 수속이 완료되고, 기내에서도 업무가 이어진다. 목적지에 도착해 들어선 사무실은 그녀를 즉시 인식하고, 모든 환경을 그녀의 선호도에 맞춰 최적화한다. 조명의 밝기부터 온도와 습도, 책상의 높이까지, 모든 것이 그녀의 업무 스타일에 맞춰 자동으로 조정된다.

이 미래 비전은 현재 발전하고 있는 기술들의 자연스러운 진화가 만들어낼 가까운 미래의 모습이다. 단순히 편리성을 넘어 일하는 방식의 혁신적인 변화를 보여준다. AI가 반복적인 업무를 덜어주고, 증강현실이 물리적 한계를 허물며, 스마트한 업무 환경이 일과 삶의 조화로운 균형을 가능케 한다. 이제 새로운 기술은 거리와 공간의 제약을 모두 없애고 우리를 더욱 효율적이고 창의적으로 연결시켜준다.

우리는 이미 이러한 변화의 시작점에 서 있다. 하지만 이러한 가능성과 함께 AI는 여전히 많은 불확실성을 품고 있다. AI의 변화와 가능성을 열린 마음으로 받아들이되, 인간 고유의 가치를 지키려면 신중한 접근이 필요하다. AI는 놀라운 편리성과 풍요로움을 가져다주지만, 그 이면에는 윤리적 과제들이 자리하고 있다.

데이터 프라이버시 이슈와 알고리즘 편향성 문제는 AI가 데이터를 학습하고 판단하는 과정에서 개인의 사생활이 침해되거나 특정 집단이 차별받을 수 있다. AI 시스템이 처리하는 개인정보의 보안과 윤리적 활용 그리고 알고리즘의 공정성 확보는 사회적 합의가 필요한 핵심 문제이다.

이러한 기술 변화에 대응하기 위해서는 편의성과 위험에 대한 균형 잡힌 접근이 필요하다. 기술이 제공하는 기회를 적극적으로 활용하되, 잠재적 위험을 인식하고 대비하는 신중함이 요구된다. 이런 균형 있는 접근이 이뤄질 때, 지금의 AI 혁명 역시 혁신적인 가치 창출의 기회가 될 것이다.

중요한 것은 열린 마음이다. 기술이 점점 더 사용자 친화적으로 발전하고 있는 지금, 우리에게 필요한 것은 지나친 걱정이나 두려움이 아닌 건강한 호기심과 도전 정신이다. AI와 같은 새로운 기술이 가져올 미래는 불확실하지만, 그 불확실성 속에서도 무한한 가능성이 존재한다.

# 최첨단
# 시대에도

# 아날로그적인 시간이
# 필요하다

---

## 카누를 타면서 찾은 완벽한 고요

오늘도 우리는 스마트폰을 손에 쥔 채 잠에서 깨어난다. 눈을 뜨자마자 SNS를 확인하고, 이메일을 체크하며 하루를 시작하는 것이 일상이 되었다. 손바닥만 한 화면에 온 세상을 담은 듯한 스마트폰, 말 한마디로 집 안 곳곳을 제어하는 AI 비서, 간단한 명령으로 문서를 만들어내는 AI 챗봇. 이 놀라운 기술들은 우리 삶을 더없이 편리하게 만들어줬다.

그러나 그럴수록 아날로그적 시간을 의식적으로 가져야 한다. 시간을 내 사람을 만나고, 직접 손으로 무언가를 만들며, 자연으로 들어가 휴식하며 고요한 시간을 확보하는 노력이 필요하다.

SNS를 통해 무엇이든 가능한데 굳이 사람을 만나거나 몸을 움직일 필요가 있느냐고 반문할 수도 있지만, 진정한 교류나 정서적 충만감은 대면 소통과 직접적인 활동을 통해서만 경험할 수 있다.

직접 만나 눈을 보며 이야기하는 소통이 신뢰와 유대감을 촉진하는 옥시토신의 분비를 증가시킨다는 사실은 이미 여러 연구를 통해 입증되었다. 과학적 근거를 따지지 않더라도 말이나 글이 아닌 표정이나 몸짓 등의 비언어적 표현이 소통의 상당 부분을 이룬다는 것은 우리 모두가 경험적으로 알고 있다.

특히 손으로 무언가를 직접 만드는 과정은 뇌의 다양한 부위를 자극해 문제해결 능력과 창의적 사고를 신장시키며, 자연에 머무는 시간은 스트레스를 줄이고 정서적 안정을 가져다준다. 이러한 경험들은 우리의 감각을 예민하게 하고, 감정의 폭을 넓히며, 인지 능력을 향상시킨다. 인간의 본질적 특성을 잃지 않도록 도와주는 것이다.

하루에 단 10분 만이라도 모든 디지털 기기에서 벗어나 온전히 자신에게 집중하는 시간을 가져보자. 글을 쓰고 싶다면 키보드 대신 펜을 들어보는 것도 방법이다. 처음에는 불편하고 지루하게 느껴질 수 있지만, 이러한 시간이 쌓일수록 우리의 감각은 더욱 선명해지고, 내면의 목소리에 귀 기울일 수 있게 된다.

나는 취미로 카누(Canoe)를 탄다. 카누를 즐기게 된 건 정말 우연한 계기였다. 테크 업계 종사자들은 직업 특성상 하루 종일 실시간으로 쏟아지는 정보와 알림에 시달린다. 끊임없이 새로운 기술을 알아야 하고, 변화하는 프로젝트에 적응하며 아이디어를 내놓아야 하니 피로가 풀릴 새가 없다.

치열한 변화와 혁신의 한가운데에서 살아남기 위해 내 머릿속에서는 늘 불이 나고 있었다. 마음속에선 돌파구를 찾아야 한다는 생각이 떠나지 않았고, 조금이라도 짬이 나면 일터를 벗어나 모든 짐을 내려놓고 머리를 비우려고 애썼다.

노키아에서 일하던 시절에는 헬싱키 근교의 동화 속 풍경 같은 호숫가를 자주 찾곤 했다. 아름다운 풍경 자체로 지친 마음을 치유해주기에 부족함이 없었다. 마이크로소프트 본사는 미국 시애틀에 있었는데, 그곳 역시 맑은 하늘과 보석처럼 빛나는 강과 호수들이 있었다.

시애틀의 휴양지는 방문객이 상당히 많았다. 경치 좋은 곳에서 시간을 보내려는 사람들의 욕망과 취향은 비슷하니 어디든 유명하고 근사한 풍경이 있는 곳은 사람들이 바글바글했다.

캠핑을 즐기려는 사람들, 수영을 하려는 사람들이 휴일마다 가득하다보니 좋은 자리를 잡기 위해 별도의 에너지를 써야 했다. 복잡한 업무에서 탈출해 모처럼 고요함을 즐기고자 하는 바람은 저 멀리 날아가고, 휴식 같은 휴식을 즐기기 위해 또다시 상당한 스트레스를 받게 된 것이다.

차라리 집에서 가만히 낮잠이나 자는 게 낫지 않을까 생각하

던 즈음, 활기차게 물을 튀기며 카누를 타는 사람들이 눈에 들어
왔다. 시애틀은 대도시이지만 주변에 수많은 호수와 강이 있어
많은 사람이 카누와 카약을 즐긴다. 이전까지는 그저 그런가 보
다 생각했는데 무심히 그들이 노를 젓는 모습을 보다가 문득 궁
금증이 생겨났다.

'저들은 대체 어디로 가는 걸까? 저렇게 많은 짐을 싣고 가는
걸 보면, 내가 모르는 비밀스러운 장소가 있는 게 아닐까?'

고요함에 대한 갈증이 심했던 나는 곧바로 관련 정보들을 검
색했다. 워싱턴 주의 서쪽 해안에는 퓨젯 사운드라는 넓은 해협
이 있는데 짙은 청록빛 바다와 수많은 섬으로 가득하다. 그러니
까 내가 본 그 사람들은 카누를 몰고서 그들은 무인도에 가는 것
이었다. 무인도라니! 생각만 해도 가슴이 뛰었다. 그곳에서는 디
지털 알림들으로부터 완벽하게 벗어날 수 있을 것 같았다.

워싱턴대학교 인근 호수에서 카누 강습이 있는 것을 발견하고
당장 등록했다. 강사 한 명당 수강생이 100명까지 가능한 대규모
강의였다. 한국의 입시 학원도 아니고 100명씩 강의를 듣는 것이
가능할지 궁금했지만, 일단 한번 부딪혀보자고 마음먹었다. 막상
가보니 그곳에는 수염이 하얗게 센 할아버지 강사님과 나 둘 뿐
이었다. 카누는 유튜브 등을 통해서도 어느 정도 배울 수 있다보
니 굳이 강습을 신청하는 사람이 없는 듯 보였다. 신청자가 적다
고 수업을 취소하지 않은 강사에게 감사했다.

강습은 호젓하게 진행되었다. 말 그대로 프라이빗 레슨이었다. 강사님은 친절하게 패들 잡는 법부터 알려주었다. 노를 젓는 법, 회전하는 법, 속도를 줄이거나 정지하는 법은 물론, 균형 잡는 법과 물의 흐름에 따라 패들링을 어떻게 조절해야 하는지도 알려주었다. 그리고 마지막에는 일부러 배를 뒤집어 나를 물에 빠뜨렸다. 그 상황에서 침착하게 카누에 오르는 것까지가 수업의 마지막 과정이었다.

이후 카누를 타는 시간은 단순한 취미를 넘어 나만의 특별한 의식이 되었다. 간단한 먹을거리와 캠핑 의자 두 개를 싣고 작은 섬으로 향하는 여정은 일상을 벗어나는 귀중한 시간이었다. 섬에 도착하는 순간 느껴지는 고요함과 평화는 일상에서는 좀처럼 경험하기 어려운 감정이었다. 그 가운데 있으니 대자연의 품 안에서 보호받는 듯한 안정감이 찾아왔다. 도시의 고요함과 무인도의 고요함은 차원이 달랐다. 그곳에서는 아무런 기계음이 들리지 않는 완벽한 고요를 느낄 수 있었다.

인적 없는 자연에 있으면 우리가 살아가는 도시가 얼마나 소란스러운지 실감하게 된다. 섬에서는 오직 물소리와 새소리 같은 자연의 소리만이 귓가를 맴돈다. 이런 환경에서 진정한 고요함의 의미를 온몸으로 체험할 수 있었다. 간혹 부지불식간에 잠이 들기도 했는데 도시에서는 쉽게 경험할 수 없는 깊고 평화로운 휴식이었다. 자연의 리듬에 맞춰 쉬는 그 시간은 몸과 마음을 치유해주었다. 때로는 일상으로부터 완전한 단절과 자연과의 교감이 가장 효과적인 재충전 방법이 될 수 있다.

## 인간다움을 지키는 아날로그의 시간

자연에서의 경험은 현대인, 특히 최첨단 디지털 기술에 둘러싸인 우리에게 매우 귀중하다. 이는 명상과 비슷한 효과를 준다. 일상의 빠른 템포와 끊임없는 디지털 자극에서 벗어나 자신의 내면을 들여다볼 기회를 갖게 되는 것이다. 이 시간 동안 우리는 진정한 자아를 마주하고, 기술 중심의 삶 속에서 잃어가는 인간성과 삶의 목적, 가치를 돌이켜볼 수 있다.

이러한 성찰의 시간은 바쁘게 돌아가는 삶에 새로운 방향을 제시해준다. 인간만이 할 수 있는 것이 무엇인지, 무엇에 우선순위를 두어야 하는지 올바른 판단을 할 수 있도록 도와주는 것이다. 또한 주변 사람들과의 관계에 대해서도 새롭게 생각해볼 수 있다. 디지털 소통에 의존하며 소홀히했던 인간관계의 중요성을 다시 한번 깨닫고 감사하는 마음을 되찾을 수 있다.

또한 자연에 흠뻑 심취하는 동안 우리의 감각은 더욱 예민해진다. 도시의 인공적인 환경이나 가상현실에서는 경험하기 어려운 자연의 소리, 냄새, 질감 등을 온전히 느낄 수 있다. 이렇게 깊어진 감각은 일상에서도 큰 도움이 된다. 주변 상황이나 변화를 더 섬세하게 인지할 수 있게 되는 것이다.

디지털 시대를 살아가는 우리에게 아날로그적 시간은 필수적이다. 디지털의 편리성을 누리되, 그 속에서 인간다움을 잃지 않는 것이 핵심이다. 명상, 독서, 산책 또는 아무것도 하지 않는 무위의 시간까지. 이러한 휴식의 순간들이 우리의 본질을 지켜준다. 균형 잡힌 삶을 살려면 매일 일정 시간을 아날로그적 활동에 할애해야 한다. 그럴 때 우리는 기술의 혜택을 충분히 누리면서도 인간 본연의 가치를 지킬 수 있다. 디지털과 아날로그의 조화로운 균형, 그것이 바로 현대인이 누릴 수 있는 진정한 풍요라 할 수 있다.

# 뉴노멀 시대,

# 새로운 표준을
# 만드는 사람들

---

## AI 네이티브 세대의 등장

생성형 AI의 급속한 발전은 일상 생활의 근본적인 변화를 촉진시켰다. 스마트폰이 현대인의 필수품이 된 것처럼, 머지않아 AI와 함께하는 삶도 평범한 일상으로 자리 잡을 것이다. 현재의 '디지털 네이티브' 세대를 지나, AI와 함께 자라나고 AI를 자연스럽게 활용하는 'AI 네이티브' 세대가 등장할 전망이다. 이들에게 AI는 업무 효율성을 높여주는 도구를 넘어, 생각과 활동 영역을 확장해주는 자연스러운 동반자가 될 것이다. 이러한 변화는 우리의 생활방식, 일하는 방식 그리고 세상을 바라보는 시각에 큰 영향을 미칠 것이다.

휴대폰이 없던 시절, 전화번호를 외우는 것은 평범한 일상이었다. 집 전화번호는 물론이고, 부모님이나 친구, 연인의 집 전화번호까지 외는 건 너무나 당연했다. 그러나 휴대전화의 등장으로 더 이상 그럴 필요가 없어졌다. 특히 스마트폰이 생긴 뒤로는 전화번호 없이 연락을 주고받는 것이 가능해졌다. 전화번호를 외우는 대신, 다양한 앱과 플랫폼을 통해 더 쉽게 소통하고 연결될 수 있는 시대가 된 것이다.

이는 인지 능력의 퇴보가 아닌, 정보 처리 방식의 진화를 의미한다. 단순 암기에서 벗어나 더 복잡한 과제에 인지 자원을 할당할 수 있게 된 것이다. 몇 번의 터치와 검색만으로 쉽게 누군가와 연락할 수 있으니, 더욱 빠르고 효율적으로 사람들과 소통할 수 있다. 어떤 이들은 이러한 변화로 인해 낭만이 사라졌다거나 인간관계가 삭막해졌다고 말하지만, 이는 이미 새로운 시대의 표준, 즉 '뉴노멀'이 되었다. 이처럼 기술의 변화는 우리의 삶의 방식 자체를 근본적으로 바꾸고 있다.

교육 현장에서도 이러한 변화는 뚜렷하다. 한 수업에서 학생들에게 과제전을 준비시킨 적이 있다. 나는 전시 준비 진행 사항을 사진을 찍어 공유해달라는 과제를 내주었다. 보통은 이메일이나 구글 드라이브를 활용해 제출하는데 몇몇 학생이 예상 밖의 방식으로 과제를 제출했다. 나는 평소 학생들과 소통하기 위해 인스타그램을 자주 사용하는데, 이 학생들은 인스타그램 스토리에 자신이 만든 작품 사진을 올리고 '다 잘 되어가고 있어요!'라는 문구와 함께 나를 태그했다. 내가 스토리를 확인하는 것만으로도 자연스럽게 과제 검사가 이뤄진 셈이다.

이 학생들의 과제 제출 방식은 내게 새로운 시각을 열어주었다. 소셜미디어를 활용해 과제를 제출하고 교수와 자연스럽게 소통하는 이런 방식은 디지털 시대를 살아가는 학생들의 새로운 일상인 뉴노멀을 보여준다. 기술의 발전이 우리의 소통 방식, 학습 방법 그리고 일상생활의 모든 면을 어떻게 변화시키고 있는지 보여주는 예일 것이다.

## 리터러시 관점에서 AI 활용법

최근 생성형 AI의 영향력이 산업 분야 전반으로 확대되고 있다. 특히 창의성이 중요시되는 디자인, 영상 제작, 광고 분야에서 인공지능의 활용이 눈에 띄게 증가하는 추세다. 영화나 뮤직비디오 제작에 AI를 활용하는 감독들이 늘어나면서, 미디어 산업 전반에 변화의 바람이 불고 있다.

광고 업계에서는 인공지능을 통해 모델 섭외부터 장소 선정, 연출까지 다양한 과정을 대체함으로써 제작비용을 대폭 절감하고 있다. 관련 업계 지인에 따르면 기존에 3천만 원이 들던 광고 제작비용이 200~300만 원 수준으로 줄었다고 한다. 생성형 AI가 만든 영상은 때로 부정확한 부분이 있지만, 이러한 특성이나 한 풍경이 다른 풍경으로 전환되는 모핑(Morphing) 효과가 오히려 독특한 스타일로 인식되어 트렌드를 만들어내기도 한다. 이는 AI의 한계가 오히려 창의적 표현의 새로운 영역을 열어주는 흥미로운 현상이다.

교육 현장에서도 인공지능을 활용한 새로운 움직임이 시작되고 있다. 교육부에서 생성형 AI를 활용한 수업 개발을 지시하면서, 많은 교수가 이에 동참하고 있다. 그러나 이 접근 방식에 대해서는 아직 논란의 여지가 있다.

현재의 생성형 AI 교육은 미드저니나 스테이블 디퓨전과 같은 도구 사용법 습득에 치중되어 있다. 이는 마치 포토샵이 처음 등장했을 때, 단순히 기능 활용법만을 가르치던 것과 비슷하다. 하지만 이런 접근은 단기적 기술 습득에 그칠 뿐, AI를 창의적으로 활용할 수 있는 본질적 역량을 키우기에는 부족하다. 도구 사용법을 아는 것과 그것을 통해 가치 있는 결과물을 만들어내는 것은 전혀 다른 차원의 문제이기 때문이다.

핵심은 AI와 효과적으로 협업하고, 혁신적 결과를 도출하며, AI가 제시하는 정보를 비판적으로 분석하고 활용하는 역량을 개발하는 것이다. 이는 AI 시대에 요구되는 새로운 차원의 창의성과 비판적 사고를 함양하는 근본적 접근이다.

한국인터넷진흥원(KISA)이 2023년 12월에 발표한 연구 결과에 따르면, 챗GPT 이용자의 45.3%가 대학생으로 나타났다. 이는 많은 대학이 학업에서 AI를 적극적으로 활용하고 있음을 보여준다. 이러한 현실에 대해 기성세대는 우려의 시선을 보낼 수 있다. 스스로 고민하고 노력해야 실력이 늘 텐데, 프롬프트 몇 개를 돌려 과제를 마무리하는 것이 과연 올바른 학습 방법인지 의문이 들 수도 있다.

하지만 나는 오늘날 학생들이 생성형 AI를 더욱 전략적으로 활용해야 한다고 본다. 기성세대는 생성형 AI 활용을 단순히 게으름이나 편법으로 치부하기보다는, 이를 통해 학생들이 더 깊이 있는 사고와 다각적인 관점을 확장할 수 있도록 장려해야 한다. 사용자가 어떻게 활용하느냐에 따라 이런 도구는 다양한 아이디어와 자료를 탐색하고, 새로운 방식으로 사고할 수 있는 기회를 제공하기 때문이다. 이는 곧 AI 시대에 필요한 창의적 사고와 분석적 접근 방식을 개발하는 중요한 기반이 될 수 있다.

손으로 직접 보고서를 작성해 제출하던 시대가 있었다. 그러나 시간이 흐르면서 컴퓨터로 과제를 작성하는 것이 일상이 되었듯이, 앞으로는 생성형 AI를 활용해 과제를 수행하는 것이 자연스러운 일상으로 자리 잡을 것이다.

# 새로운 표준을 향한 여정

우리는 지금 변곡점에 서 있다. 생성형 AI의 등장으로 인한 흥분
과 불안이 공존하는 과도기적 혼란의 시기를 지나고 있다. 마법처
럼 이미지와 텍스트, 영상을 생성하는 AI의 능력은 많은 이를 놀
라게 하고 있으며, 이는 새로운 기술혁명의 서막을 알리고 있다.

하지만 이러한 흥분은 곧 가라앉을 것이다. 생성형 AI 기술이
성숙기에 접어들면, 언제 그랬느냐는 듯이 자연스러운 일상이 될
것이다. 음성 명령은 물론 몸짓까지도 인식해 가전제품을 제어하
고, 차량 문제를 진단하며, 업무의 모든 영역에서 우리를 보조하
게 될 것이다.

AI의 감지 능력은 점점 더 정교해져, 마치 베테랑 심리학자가
상대방의 미세한 표정 변화로 감정을 읽어내듯 우리의 모든 신호
를 정확히 이해하게 될 것이다. 이 과정에서 인공지능이 만들어
낸 작품에 대한 놀라움은 점차 희석될 것이다. 마치 지금 우리가
디지털카메라로 찍은 사진이나 포토샵으로 편집된 이미지를 특
별하게 여기지 않는 것처럼 말이다.

결국 인공지능의 사용은 너무나 일상이 되어 "AI로 만들었다"
라는 말 자체가 무의미해지는 날이 올 것이다. 이는 기술의 진정
한 성공을 의미한다. 스마트폰과 인터넷이 그랬듯이, 충분히 발
전하고 보편화된 기술은 더 이상 특별한 것으로 인식되지 않고

우리 삶의 자연스러운 일부가 된다. 이러한 변화는 우리의 생활 방식과 사고방식의 근본적인 변화를 의미한다.

우리는 이제 인공지능과 함께 사고하고, 창조하며, 문제를 해결하는 새로운 시대로 진입하고 있다. 이 여정에서 필요한 것은 인간만의 고유한 가치를 재정립하는 것이다. 우리의 관심은 기술 자체보다 그 기술이 우리 삶과 사회에 미칠 본질적인 영향에 집중되어야 한다.

이러한 변화의 시대에서 가장 중요한 질문은 우리가 어떤 가치를 중심으로 미래를 설계할 것인가이다. 인공지능은 우리의 능력을 확장하고 보완하는 도구지만, 그것을 어떻게 활용할지는 전적으로 우리의 선택에 달렸다. 인간 중심의 가치를 바탕으로 AI와 공존하는 새로운 시대의 표준을 만들어갈 때, 우리는 진정한 의미의 뉴노멀을 실현할 수 있을 것이다.

# 하나의
# 아이디어가

# 세상을
# 바꾸기까지

---

## 기술 발전의 현실적 여정

기술 발전은 아이디어나 자본이 충분하다고 이뤄지지 않는다. 혁신적인 기술이 실제로 세상에 정착하기까지는 수많은 도전 과제를 극복해야 하며, 그 과정에서 예상치 못한 문제들이 끊임없이 등장한다. 연구 개발부터 시장 진입까지, 기술이 현실화되려면 기술적 완성도뿐만 아니라 경제성, 사용자 경험, 법적 규제 등 다양한 요소가 충족되어야 한다.

특히 인공지능과 같은 첨단 기술의 발전은 더욱 복잡한 과정을 거친다. AI 모델을 훈련하기 위해서는 방대한 데이터와 강력한 컴퓨팅 자원이 필요하며, 데이터 보안과 윤리적 문제 또한 해

○                                                    —— 214

결해야 한다. 그뿐만 아니라, 실제 사용자들이 AI 기술을 어떻게 받아들이고 활용할 것인지에 대한 이해도 뒤따라야 한다. 많은 기업이 AI 기술을 개발하지만, 모든 기술이 시장에 성공적으로 자리 잡는 것은 아니다.

마이크로소프트의 인공지능 어시스턴트팀에서 일하며 이러한 현실을 직접 경험할 기회가 있었다. 당시 AI 비서 시장은 빠르게 변화하고 있었다. 아마존에서 개발한 음성 인식 스피커 에코(Echo)가 AI 스피커 시장을 주도하며, 구글이 곧이어 강력한 경쟁자로 등장했다. 마이크로소프트는 차별화된 방향을 찾기 위해 고민하고 있었고, 업무용 AI 비서라는 방향을 설정한 후에도 사용자 경험을 최적화하기 위해 다양한 실험과 프로토타이핑이 필요했다.

그중 하나가 AI 스피커의 피드백 방식과 관련된 문제였다. 인공지능 비서를 부를 때, 예를 들어 "헤이, 코타나"라고 하면 AI가 사용자의 요청을 들었는지 알려주는 피드백을 제공했다. 하지만 피드백이 불빛과 소리로만 제공되다보니, 특정 각도나 먼 거리에서는 잘 보이지 않는 문제가 있었다. 이로 인해 AI가 사용자의 말을 알아들었는지 확신하기 어려운 경우가 많았고, 사용자는 언제 질문을 해야 하는지 타이밍을 잡기 어려웠다.

이 문제를 해결하기 위해 사용자 경험을 개선할 방법을 고민하던 중 인간의 자연스러운 반응에서 힌트를 얻었다. 우리가 누군가의 이름을 부르면 그 사람이 우리를 바라보며 대답을 기다리는 것처럼, AI 스피커도 사용자가 부르면 응답하는 방향으로 움직이도록 설계할 수 있지 않을까? 즉, AI가 단순한 빛과 소리로 신호를 주는 것이 아니라, 사용자를 향해 반응하는 방식을 도입하면 보다 직관적인 인터랙션이 가능할 것이라는 생각이었다.

이 아이디어를 실험해보기 위해 간단한 프로토타입을 만들었다. 종이컵, 빨대, 나무 막대, 서보모터 등을 이용해 사용자가 인공지능 비서를 부르면 AI가 사용자가 있는 방향으로 살짝 움직이며 응답하도록 설계했다. 단순한 움직임이었지만, AI가 자신을 인식하고 응답한다는 느낌을 사용자가 받을 수 있도록 했다. 기존에는 AI의 응답이 눈에 잘 띄지 않아 사용자가 말을 걸어도 AI가 들었는지 알기 어려웠다면, 이제는 AI가 물리적으로 반응하는 방식으로 응답해 사용자의 몰입도를 높일 수 있었다.

이 아이디어를 미팅에서 공유했을 때, 동료들의 반응이 뜨거웠다. 기존의 방식에 비해 훨씬 직관적이고 사용자 친화적이라는 의견이 대다수였다. 팀장은 이 아이디어를 윗선에 보고하기로 했고, 결국 고위 경영진과도 논의가 이뤄졌다.

그러나 제품화 과정에서 예상치 못한 문제가 등장했다. 엔지니어팀에서는 모터를 추가하는 것이 제품의 비용을 상승시켜 경제성이 맞지 않는다는 점을 지적했다. 아무리 좋은 아이디어라도 생산 비용이 증가하면 구현이 어렵다. 기업이 혁신을 추구할 때

**간단한 DIY 재료로 구현한 AI 스피커 프로토타입**

사용자의 음성을 감지하면 서보모터로 스피커가 발화자를 향해 회전하며, 직관적인 물리적 피드백을 제공한다. 최소한의 움직임으로 AI와 사용자 간의 상호작용을 자연스럽게 만들어, 디지털 비서와의 소통이 더욱 실감나도록 설계했다.

반드시 고려해야 하는 현실적인 제약이었다. 결과적으로 이 아이디어는 최종 제품으로 구현되지 못했지만, 사용자 경험을 개선하기 위한 다양한 접근 방식에 대한 논의가 이어졌고, 이후 AI 비서의 피드백 시스템을 개선하는 데 중요한 아이디어를 제공했다.

이 경험은 기술혁신이 번뜩이는 아이디어만으로 이뤄지는 것이 아님을 보여준다. 뛰어난 기술이라도 경제성, 사용자 경험, 기술적 구현 가능성 등의 요소가 맞아떨어져야 시장에서 성공할 수 있다. 마이크로소프트뿐만 아니라 삼성, 애플, 구글 등 글로벌 IT 기업들에서도 이러한 현실적인 고민은 끊임없이 이어지고 있다. 혁신적인 아이디어를 실제 제품으로 구현하려면 단순한 창의성을 넘어, 현실적인 문제결 능력과 실행 전략을 갖추어야 한다.

기술이 발전하는 과정은 생각보다 복잡하며, 기술적 진보를 넘어선 다양한 요소들이 얽혀 있는 여정이다. 실패와 도전 속에서 현실적인 한계를 극복하는 과정이야말로, 기술이 현실이 되는 순간이다.


## 새로운 기술은 우리의 일상을 단번에 바꾸지 않는다

새로운 기술이 등장할 때마다 우리는 기대와 우려를 동시에 느낀다. 과연 이 기술이 우리의 삶을 어떻게 바꿀 것인가? 그리고 그 변화는 얼마나 빠르게 이뤄질 것인가? 하지만 현실은 그렇게 급격하게 변하지 않는다. 새로운 기술이 우리 일상에 정착하는 과정에는 여러 가지 요인이 얽혀 있기 때문에 그 속도가 생각보다 더디다. 이러한 시간은 오히려 긍정적인 측면도 있다. 새로운 기술을 이해하고, 그것이 가져올 변화를 대비하며, 더 나은 방향으로 활용할 방법을 모색할 수 있기 때문이다.

기술의 진보는 번뜩이는 아이디어나 자본의 힘만으로 이뤄질 수 없다. 그것은 기술적 완성도, 경제성, 사회적 수용성이 조화를 이루며 균형을 맞출 때 비로소 현실이 된다. 아무리 뛰어난 기술이라도 시장과 환경이 준비되지 않았다면 도입되기 어렵다.

2018년 마이크로소프트와 아마존이 손잡고 두 회사의 AI 플랫폼을 공유하는 협력 방안을 내놓았다. 마이크로소프트의 코타나(Cortana)와 아마존의 알렉사를 서로의 디바이스에서 사용할 수 있도록 한 것이었다. 즉, 마이크로소프트 스토어에 알렉사를 등록해 윈도우 사용자가 알렉사를 사용할 수 있게 되었고, 아마존 에코 디바이스 사용자도 코타나를 사용할 수 있게 된 것이다. 이를 통해 사용자들은 더욱 확장된 AI 경험을 할 수 있었다.

만약 사용자가 윈도우에서 알렉사에게 "지난번에 산 세제를 다시 주문해줘"라고 요청하면 아마존 쇼핑 경험을 접목할 수 있었고, 반대로 에코 디바이스에서 코타나를 불러 "그건 다음 주에 제가 팔로우업할게요"라며 회사 동료에게 업무 이메일을 보낼 수 있었다.

하지만 이 프로젝트에는 몇 가지 제약이 있었다. 사용자가 알렉사와 코타나를 오갈 때마다 "알렉사, 코타나 열어줘" 또는 "코타나, 알렉사 열어줘"라고 명시적으로 불러야 했다. 이러한 방식은 사용자 경험 측면에서 다소 불편한 요소였다.

나는 알렉사든 코타나든 사용자가 한 번 호출한 후에는 다시 호출하지 않아도 AI가 알아서 요청을 처리하도록 하는 방식을 제안했다. 예를 들어 사용자가 알렉사를 부른 후에 "회사 동료에게 팔로우업 이메일 보내줘"라고 하면, AI가 이 요청이 코타나가 처리해야 한다는 걸 인식하고 자동으로 실행하는 것이다. 반대로 코타나를 부른 후 "지난번에 산 세제를 다시 주문해줘"라고 하면, 별도의 추가 호출 없이 알렉사가 해당 요청을 처리하는 방식이다. 이렇게 하면 사용자 입장에서는 어떤 AI 비서를 호출하는지보다 요청한 작업이 정확하게 수행되는 것이 더 중요하므로 더 자연스러운 인터페이스 경험을 제공할 수 있다.

그러나 이 아이디어는 실현되지 못했다. 그 이유는 데이터 소유권 문제 때문이었다. 마이크로소프트와 아마존은 사용자의 AI 인터랙션 데이터를 각각 소유하고자 했고, 이에 따라 아마존은 알렉사를 부른 후의 데이터만 가져가고, 마이크로소프트는 코타나를 부른 후의 데이터만 수집하는 방식으로 정리되었다.

즉 사용자가 알렉사를 호출한 후에는 마이크로소프트가 개입

할 수 없고, 코타나를 호출한 후에는 아마존이 데이터를 수집할 수 없게 설정된 것이다. 이 때문에 "알렉사, 코타나 열어줘" 또는 "코타나, 알렉사 열어줘"라는 명령어를 매번 사용해야 하는 불편한 구조가 유지될 수밖에 없었다.

나는 사용자 경험 측면에서 중요한 것은 특정 AI 비서의 호출이 아닌, AI가 사용자의 의도를 정확히 이해하고 요청을 자연스럽게 처리하는 것이라고 강조했지만, 비즈니스적인 이유로 인해 이 방식은 구현되지 못했다. 결국 기술적인 문제보다 데이터 소유권과 비즈니스 이해관계가 더 큰 장애물이 되었다.

기술 산업에서 발전, 협력, 경쟁은 복잡하게 얽혀 있다. 아이디어가 좋다고 해서 무조건 제품으로 구현될 수 없는 결정적인 이유가 되기도 한다. 세상을 뒤흔들 획기적인 아이디어라면 자본이 저절로 따라올 수 있지만, 대부분의 경우 자본의 문제가 해결되지 않으면 아이디어는 발전하지 못한다. 연구 개발, 마케팅, 생산 등 필수적인 과정을 위해서는 충분한 자본이 뒷받침되어야 하기 때문이다.

생성형 AI, 공간 컴퓨팅, 자율주행과 같은 새로운 기술들이 우리 삶을 빠르게 변화시키고 있다. 이러한 변화는 새로운 기회를 제공하지만, 동시에 불안감도 준다. 그러나 이런 걱정은 다소 과하다고 할 수 있다. 새로운 기술이 실제로 우리 삶에 자리 잡기까지는 생각보다 많은 요소가 필요하기 때문이다.

좋은 아이디어와 자본만으로는 충분하지 않다. 시장의 니즈와 적절한 타이밍, 법률적 검토, 사회적 수용도 등 다양한 조건이 충족되어야 한다. 이러한 과정은 결과적으로 우리에게 새로운 기술에 적응할 시간을 제공한다. 아무리 혁신적인 기술이라도 우리의 일상을 갑작스럽게 바꾸지는 못한다. 모든 변화는 점진적으로 이뤄질 수밖에 없으며, 이는 우리가 새로운 기술을 수용하고 활용할 준비를 할 수 있게 해준다.

# 생성형
# AI 시장의

# 현주소

---

## AI 기술의 태동과 발전

2016년 3월, 구글 알파고와 이세돌의 대국은 AI 기술의 잠재력을 전 세계에 결정적으로 각인시켰다. 이 대결을 통해 인공지능은 단순 계산을 넘어 복잡한 전략적 사고가 필요한 영역에서도 인간보다 뛰어난 능력을 발휘할 수 있음을 입증했다.

이 시기 글로벌 기업들은 각자의 특성을 살린 AI 전략을 전개했다. 아마존은 알렉사를 탑재한 에코 스피커로 시장을 선도하며, 음성 쇼핑이라는 혁신적인 경험을 제공했다. 더 나아가 아마존 고(Amazon Go)를 통해 인공지능 기반의 무인 상점이라는 새로운 패러다임을 제시했다.

애플은 프리미엄 오디오 경험을 중심으로 한 홈팟을 출시하며, 하드웨어와 소프트웨어의 긴밀한 통합 생태계를 구축했다. 인공지능 개인비서 프로그램인 시리를 발표하면서 사용자들은 직관적인 방식으로 애플의 서비스를 이용할 수 있게 되었다.

구글은 구글 홈과 구글 어시스턴트를 통해 검색, 지도, 캘린더, 유튜브 등 다양한 서비스를 음성 인터페이스로 통합하고 확장시켰다. 마이크로소프트의 코타나는 기업 환경에 특화된 서비스를 제공하며, 윈도우 OS와 오피스 365와의 연계를 통해 업무 효율성 향상에 주력했다.

2022년 말 오픈AI의 챗GPT 출시는 AI의 지형을 근본적으로 변화시켰다. 출시 5일 만에 100만 명의 사용자를 확보하고, 불과 2개월 만에 월간 활성 사용자 1억 명을 돌파하며 폭발적인 성장을 기록했다. GPT-4 출시와 API 제공을 통해 생성형 AI의 생태계는 더욱 확장되었다.

구글은 제미나이 모델을 개발해 챗GPT에 대응하며 생성형 AI를 검색과 픽셀 디바이스에 적극 적용했다. 검색에서는 AI 오버뷰(AI Overview)를 통해 사용자의 복잡한 질문에 대한 핵심 정보를 빠르고 정확하게 요약해 제공하고, 픽셀 디바이스에는 제미나이 나노(Gemini Nano)를 탑재해 다양한 AI 기능을 고도화했다.

제미나이 나노는 회의 내용을 실시간으로 요약하고, 메시지 작성을 보조하며, 긴 문서의 핵심을 추려내고, 카메라로 비춘

외국어를 즉시 번역한다. 더 나아가 구글은 프로젝트 아스트라 (Astra)를 통해 기존 구글 어시스턴트를 뛰어넘는 멀티모달 AI 기반의 차세대 개인 비서를 준비하고 있다.

애플은 온디바이스 AI(On-Device AI) 전략을 통해 사용자의 프라이버시를 강화하며 하드웨어와 소프트웨어 간 통합을 이뤄냈다. 애플 인텔리전스(Apple Intelligence)라는 이름의 온디바이스 AI 시스템은 온스크린 AI(On-Screen AI)를 통해 사용자의 현재 작업 맥락을 파악하고, 적절하고 자연스러운 도움을 제공한다. 길고 복잡한 업무 이메일을 받았을 때 상황에 꼭 맞는 답장을 제안하거나, 웹사이트에서 찾은 항공권 정보를 간단한 음성 명령만으로도 캘린더에 추가할 수 있다.

이러한 기능은 AI와 인간의 새로운 상호작용 방식을 보여준다. 특히 프라이버시를 지키면서도 강력한 AI 기능을 제공한다는 점에서 앞으로의 AI 발전 방향을 가늠해볼 수 있는 사례다.

## 국내 미래의 전망과 시사점

한국의 생성형 AI 시장은 대기업들의 주도 아래 꾸준히 성장하고 있다. 이들 기업은 각자의 강점과 특성에 맞춰 AI 기술을 적용하며, 특히 온디바이스 AI를 중심으로 기기 자체의 지능화에 주력하고 있다. 스마트폰, 가전제품, 자동차에 AI를 직접 탑재해 실시간 처리와 개인화된 서비스를 제공하는 한편, 각 제품의 특성에 최적화된 AI 서비스를 개발해 사용자 경험을 높이고 있다.

삼성전자는 '모두를 위한 AI(AI for All)' 비전 아래 구글과의 전략적 협업으로 AI 서비스의 완성도를 높이고 있다. 최신 갤럭시 스마트폰은 구글의 AI 기술을 활용해 문서 요약, 음성 인식, 스마트 검색 기능 등을 제공한다. 특히 생성형 이미지 편집과 실시간 번역 등 고도화된 AI 기능을 통해 사용자 경험을 한층 더 향상시켰다.

가전제품에서도 AI는 핵심 역할을 한다. 스마트 냉장고는 식품을 자동으로 인식하고 유통기한을 관리하며 맞춤형 레시피를 추천한다. 스마트 세탁기는 세탁물의 종류와 양을 감지해 최적의 세탁 모드를 설정하고, 공기청정기는 실내 공기 질을 실시간으로 분석해 적절한 정화를 실행한다.

웨어러블 기기에서는 AI가 더욱 개인화된 서비스를 제공한다. 갤럭시 워치는 심박수, 수면 패턴, 운동량 등을 분석해 맞춤형 건강 관리 조언을 제공하고, 운동 시에는 사용자의 움직임을 분석해 정확한 피드백을 제공한다.

삼성은 자체 AI 기술을 기반으로 하드웨어와 가전제품에서 강점을 보이는 한편, 구글이나 마이크로소프트 등 글로벌 기업들과의 협업을 통해 AI 서비스의 영역을 확장하고 있다.

네이버는 하이퍼클로바X(HyperCLOVA X) 모델을 통해 한국 문화에 최적화된 AI 서비스를 제공하고 있다. 이 모델은 학습 능력을 대폭 강화해 사용자들에게 더욱 정확하고 맞춤화된 AI 경험을 제공하는 데 주력하고 있으며, 교육, 법률, 콘텐츠 생성 등 다양한 영역에서 활용되고 있다. 네이버의 AI 기술은 단순한 언어 모델을 넘어, 실제 서비스와 결합해 사용자들이 실질적인 편리함을 느낄 수 있도록 하는 방향으로 발전하고 있다.

이러한 전략의 중심에는 네이버가 최근 강화하고 있는 AI 기반 검색 서비스인 큐:가 있다. 연내에 'AI 브리핑'이라는 이름으로 업그레이드 될 예정인 큐:는 기존의 키워드 검색 방식과 달리, 언어 모델에 추론, 검색 계획, 도구 사용, 검색 기반 생성 기술을 결합해 사용자의 검색 의도에 맞춰 최적의 정보를 제공한다. 단순한 검색 결과 나열이 아니라, AI가 정보를 분석하고 요약해 문장 형태로 제공함으로써 보다 직관적인 검색 경험을 구현하는 것이 핵심이다. 네이버는 이를 통해 기존의 검색 패턴을 AI 기반으로 혁신하고 있으며, AI가 사용자와 함께 생각하고 탐색하는 검색 환경을 구축하는 것을 목표로 하고 있다.

네이버의 AI 기술은 검색뿐만 아니라 실생활에서도 적극적으로 활용되고 있다. 대표적인 예가 클로바노트(ClovaNote)다. 강의나 회의 내용을 자동으로 요약해주는 이 서비스는 학생들과 직장인들에게 큰 인기를 얻고 있으며, 음성을 텍스트로 변환하는 수준을 넘어, 주요 내용만을 추출해 요약해주는 기능까지 제공하면서 사용자들의 생산성을 극대화하고 있다.

네이버의 AI 전략에서 또 하나 주목해야 할 점은 온서비스 AI(On-Service AI) 개념이다. 이는 검색, 광고, 콘텐츠, 커머스 등 기존의 주력 서비스 전반에 AI 원천기술을 녹여내는 것이다. 쇼핑에서는 AI가 사용자들의 검색 및 구매 데이터를 분석해 맞춤형 상품을 추천하고, 광고에서는 AI가 최적의 타기팅을 지원하며, 콘텐츠 분야에서는 AI가 자동으로 문서를 생성하고 정리하는 등 다양한 방식으로 활용되고 있다. 이처럼 네이버는 AI를 하나의 독립적인 기술이 아니라, 실제 서비스와 유기적으로 결합해 사용자 경험을 향상시키는 도구로 활용하고 있다.

네이버의 AI 전략은 한국 문화에 특화된 AI 모델을 바탕으로, 검색, 콘텐츠, 업무 지원 등 다양한 분야에서 AI가 실질적인 도움을 줄 수 있도록 하는 것이다.

카카오는 최근 AI 메이트 서비스 카나나(Kanana)를 공개했는데, 이 서비스는 그룹 대화의 흐름을 파악해 자연스럽게 반응하는 '카나'와, 개인과의 대화에서 보다 유연한 소통을 지원하는 '나나'로 구성된다. 질문에 답하는 수준을 넘어, 대화의 맥락을 이해하고 사용자의 필요를 예측하며 보다 능동적으로 반응하도록 설계된 것이 특징이다.

카카오는 카나나를 포함한 AI 기술을 자사의 다양한 서비스에 결합해, AI가 일상 속에서 자연스럽게 작동하는 환경을 구축하는 것을 목표로 하고 있다. 메신저 플랫폼인 카카오톡을 비롯해 카카오페이, 카카오모빌리티 등 다양한 서비스에서 AI의 개입이 점점 더 확대되고 있다. 카나나는 메신저 기반의 AI 경험을 더욱 확장시키는 역할을 하며, 사용자의 대화 속 맥락을 이해하고 필요한 정보를 제공하는 방향으로 설계되고 있다.

LG전자는 AI 기술을 가전제품에 접목하며 스마트홈 시장에서의 경쟁력을 강화하고 있다. LG의 AI 기술이 가장 두드러지는 영역 중 하나는 주방 가전이다. 스마트 인스타뷰 냉장고는 내부 카메라와 AI를 활용해 식재료를 자동으로 인식하고, 이를 연동된 앱에서 실시간으로 확인할 수 있도록 해준다. 냉장고에 무엇이 있는지 직접 확인할 필요 없이, AI가 알아서 목록을 정리하고 보관 위치까지 안내하는 방식이다.

여기에 더해, AI 기반의 조리 가전도 발전하고 있다. 인덕션 더블 오븐에는 내부 카메라와 고메 AI 기술이 적용되어 있어, 사용자가 음식 사진을 찍으면 AI가 알아서 최적의 조리법을 추천하고 자동으로 온도를 조절한다. 요리에 익숙하지 않은 사람들도 인공지능의 도움을 받아 손쉽게 고급 요리를 만들 수 있도록 돕는 방식이다.

LG의 AI 전략은 가전제품을 개별적인 스마트 디바이스로 만드는 것이 아니라, 집 전체를 하나의 AI 기반 생활 공간으로 변화시키는 데 초점을 맞추고 있다. 이를 위해 LG는 스마트홈 허브 LG 씽큐 온을 통해 가전제품과 다양한 스마트 기기를 연결하며 AI가 사용자 생활 패턴을 분석해 최적의 환경을 자동으로 조성하는 방향으로 발전하고 있다.

현대자동차는 AI 기술을 차량 내 인포테인먼트 시스템과 결합해 운전자의 경험을 보다 직관적이고 편리하게 만드는 방향으로 발전시키고 있다. 기존의 차량 내 AI가 음성 명령을 수행하는 수준에 머물렀다면, AI 검색 서비스와의 협력을 통해 차량이 보다 능동적으로 운전자와 소통하고, 필요한 정보를 실시간으로 제공하는 방식으로 진화할 가능성이 크다.

AI 검색이 결합되면 차량 내 검색 기능이 일반적인 목적지 안내를 넘어, 운전자의 질문을 이해하고 최적의 정보를 제공하는 방식으로 발전할 수 있다. 예를 들어 "이동 중에 국밥 맛집 추천해줘" 같은 요청을 하면 AI가 실시간 교통 정보와 사용자 평점을 반영해 최적의 경로를 안내할 수 있다. 또한 주차장 이용 가능 여부, 유가 변동 상황 등을 반영한 최적의 주행 경로 추천도 가능해진다.

검색 API가 차량 내 개인화된 AI 비서 기능과 결합되면, 운전자는 더욱 자연스럽고 능동적인 지원을 받을 수 있다. AI가 운전자의 습관을 학습해 출퇴근 시간에는 자주 듣는 음악을 추천하거나, 정기적인 업무 미팅이 있는 경우 근처 카페를 찾아주는 방식으로 활용될 수 있다. 또한 운전 중 메일을 읽어주거나 중요한 메시지를 요약해 전달하는 기능을 통해 이동 시간을 보다 효율적으로 활용할 수도 있다.

이러한 기능들은 현대자동차의 '커넥티드 카 서비스'의 일환으로, 차량을 인터넷에 연결해 실시간 내비게이션, 원격 제어, 차량 진단 등의 기능을 통해 운전의 편리성과 안전성을 높이는 데 기여한다.

현대차는 하드웨어 제조를 넘어, 차량을 지능형 모빌리티 플랫폼으로 전환하고 있으며, 이를 위해 소프트웨어 중심 자동차 (Software-Defined Vehicle, SDV) 전략을 강화하고 있다. AI 검색 서비스와의 협력은 이러한 전략을 더욱 고도화하는 요소가 될 것이다. 궁극적으로 자동차가 운전자의 습관을 학습하고, 스스로 판단하며, 필요에 선제적으로 대응하는 방향으로 발전하는 데 중요한 역할을 하게 될 것이다.

SK텔레콤의 AI 서비스 에이닷(A.)은 통신 분야에서 혁신적인 기술을 선보이고 있다. 에이닷은 일반적인 음성 비서를 뛰어넘어, AI가 실시간으로 대화를 분석하고 맥락을 이해해 보다 자연스럽고 효율적인 커뮤니케이션을 지원하는 통합 AI 플랫폼이다.

에이닷의 주요 기능은 크게 세 가지로 나눌 수 있다. 첫째, 기본 AI 비서 기능으로 통화 내용을 요약하고 사용자에게 유용한 정보를 제공한다. 둘째, '에이닷 통역콜' 서비스를 통해 한국어,

영어, 일본어, 중국어 통역을 실시간으로 지원해 글로벌 커뮤니케이션의 장벽을 낮춘다. 셋째, 퍼플렉시티 AI(Perplexity AI)와 협력해 고도화된 검색 기능을 제공하며, 단순히 검색 결과를 나열하는 것이 아닌 질문의 맥락을 파악하고 가장 적절한 정보를 요약해 제공한다.

SK텔레콤은 '텔코LLM'을 구축해 통신사 특화 데이터를 학습시켰다. 이 모델은 5G 요금제, 멤버십 혜택, 공시지원금 등의 데이터를 기반으로 고객과의 상호작용을 개선하고, 고객의 패턴을 학습해 맞춤형 서비스를 제공한다.

더 나아가 글로벌 AI 에이전트 에스터(A*)를 통해 AI의 새로운 비전을 제시했다. 에스터는 단순한 음성 명령 수행을 넘어 식당 예약, 물건 구매, 일정 조율 등 실제 생활 속 사용자의 필요를 선제적으로 해결하는 에이전틱 AI(Agentic AI)로 발전하고 있다. 이는 AI를 사용자의 일상을 안내하는 동반자로 만들겠다는 목표를 보여준다.

AI와 5G 기술의 결합은 더 많은 데이터를 실시간으로 처리하고 분석할 수 있게 하며, SK텔레콤이 AI 중심의 디지털 혁신 기업으로 탈바꿈하고 있음을 보여준다.

앞으로 AI는 비즈니스의 패러다임을 근본적으로 변화시키며 교육, 의료, 엔터테인먼트 등 전반적인 영역에서 새로운 가능성을 열어갈 것이다. 사용자 경험은 더욱 풍부해지고, AI는 우리 삶의 자연스러운 일부가 될 것이다. 이제 중요한 것은 이러한 기술 혁신을 어떻게 인간의 삶의 질 향상으로 연결시킬 것인가에 대한 고민이다.

# 패스트 무버,
# 한계에 도전하는 사람들

기술이 발전할수록 패스트 무버의 가치는 더욱 빛난다. 마치 밤 하늘의 별들이 어둠 속에서 더 밝게 빛나듯, AI 시대의 급격한 변화 속에서 이들의 역량은 뚜렷이 드러난다. AI가 정보를 분석하고 패턴을 찾아내는 동안, 패스트 무버는 경험을 통해 깊이 있는 통찰을 얻고 누구도 예측하지 못한 150%의 결과물을 만들어낸다. AI가 효율성을 추구하는 동안, 이들은 과감한 실험과 도전을 통해 새로운 가능성을 발견한다.

이 책에서 우리가 함께 탐구한 패스트 무버의 핵심 역량인 '크리티컬 씽킹' '엘라스틱 마인드' '익스페리멘탈 인사이트'는 누구나 배우고 실천할 수 있는 성장 도구다. AI 시대의 당연함에 의문을 제기하고, 빠르게 변화하는 환경에 유연하게 적응하며, 전례 없는 문제를 창의적으로 해결해나가는 이 과정을 통해 우리는 시대가 요구하는 탁월한 전문가로 성장할 수 있다.

역사적으로 모든 기술혁명은 인류에게 도약의 기회를 제공했다. 산업혁명이 육체노동의 한계를 극복하게 했다면, AI 혁명은 우리의 전문성을 획기적으로 확장시킨다. 이는 우리의 역할이 축소됨을 의미하지 않는다. 오히려 AI와의 협력을 통해 이전에는 상상도 하지 못했던 새로운 가능성의 영역으로 나아갈 수 있게 되었다.

도전은 성장의 시작점이고, 실패는 더 나은 도약을 위한 밑거름이다. 패스트 무버들은 실패를 두려워하지 않는다. 오히려 그것을 통해 더 큰 가능성을 발견한다. 누구나 AI를 자신만의 방식으로 이해하고 활용하며, 자신만의 150% 결과물을 만들어낼 수 있다.

특히 주목할 점은 기술이 발전할수록 인간만의 고유한 경험이 빛난다는 것이다. 다양한 경험을 통해 얻은 통찰, 시행착오를 통해 얻은 지혜, 타인과의 협업에서 얻은 영감은 우리의 소중한 자산이 된다. 이러한 경험들이 쌓여 고유한 전문성이 되고, AI와 차별화되는 핵심 경쟁력이 된다.

우리는 지금 인류 역사상 가장 흥미진진한 전환점에 서 있다. 생성형 AI의 등장으로 시작된 이 변화는 앞으로 10년 안에 우리의 삶을 완전히 다른 모습으로 바꿔놓을 것이다. 하지만 두려워할 필요는 없다. 우리 모두는 패스트 무버가 될 수 있는 잠재력을 지니고 있기 때문이다.

결국 미래의 주인공은 바로 당신이다. AI는 우리의 전문성을 증폭시키는 도구일 뿐, 그것을 통해 어떤 결과물을 만들어낼지는 당신의 상상력과 도전 정신에 달렸다. 불확실성을 기회로 바꾸고, 실패를 두려워하지 않으며, 끊임없이 도전하는 자세. 이것이 바로 패스트 무버의 태도다.

AI 시대의 진정한 경쟁력은 누구나 얻을 수 있다. 어떻게 생각하고, 배우고, 도전하느냐에 따라 당신의 능력은 더욱 빛날 것이다. 이제 남은 것은 패스트 무버로서의 여정을 시작하는 것뿐이다.

AI와 함께하는 미래는 두려움이 아닌, 무한한 가능성의 놀이터가 될 것이다. 우리가 함께 만들어갈 미래에는 AI의 생산성과 인간의 창의성이 완벽한 시너지를 이루며, 모든 사람이 자신만의 방식으로 150%의 결과물을 만들어내는 새로운 르네상스 시대가 열릴 것이다.

이제 당신도 패스트 무버가 될 준비가 되었다. 이 책이 여러분의 여정에 작은 나침반이 되기를 바라며, 우리 모두가 AI 시대를 이끄는 패스트 무버로 성장할 수 있기를 희망한다.

부록

인공지능
현장의 목소리

# "진정한 인공지능 비서는
# 지적 상호작용을 제공해야 해요"

**시바 나이두(Shiva Naidu)**

전) 마이크로소프트 인공지능 어시스턴트팀 UX리서처
전) 세일즈포스 UX리서처
현) 츄이 UX리서처

•

인공지능이 우리 일상에 깊숙이 자리 잡은 지금, AI 비서는 어디로 향하고 있을까? 이 질문에 대한 답을 찾고자 마이크로소프트, 세일즈포스를 거쳐 현재 츄이에서 UX 리서처로 일하고 있는 시바 나이두를 만났다.

"단순한 정보 전달이 아닌 지적 상호작용을 제공하는 것. 이것이 진정한 AI 비서입니다."

그는 현재 AI 비서의 한계와 미래 방향성을 날카롭게 지적한다. AI 비서가 일정을 읽어주거나 음악을 들려주는 단순 기능을 넘어, 사용자의 맥락을 이해하고 의미 있는 통찰을 제공해야 한다는 것이다. "오늘 중 꼭 답장이 필요한 이메일이 있습니다" "이 회의에서 다뤄야 할 중요 사항을 알려드리겠습니다" 같이 정보의 맥락을 파악해 사용자와 능동적으로 상호작용하는 AI로 나아가야 한다고 강조한다. 철저한 사용자 관점에서 고객의 니즈를 발굴해 AI 비서가 나아가야 할 방향과 개선점을 연구해온 그의 통찰은 AI와 함께하는 미래에 대해 중요한 시사점을 던진다.

**김재엽**(이하 김)

마이크로소프트에서 어떤 업무를 담당했나요?

**시바 나이두**(이하 나이두)

코타나를 아웃룩에 탑재해 통합하는 프로젝트를 진행했어요. UX리서처로서 일터뿐 아니라 다양한 환경에서 코타나를 필요로 하는 사례들을 파악했지요.

**김** 사용자 리서치를 통해 어떤 점들을 알 수 있었나요?

**나이두** 우선 사람들이 출퇴근을 위해 이동하는 시간에 코타나를 필요로 한다는 사실을 발견했습니다. 직접 조사 대상자의 자가용에 동승해서 운전 중에 코타나로 하는 것들을 살펴보았지요. 예를 들어 코타나를 통해 이메일이나 문자에 답신을 보내는 거예요. 또 점심을 먹거나 헬스장에서 운동을 할 때도 코타나가 자주 사용되더군요. 물론 이 리서치는 팬데믹으로 락다운이 되기 전에 이뤄졌어요.

실제 비서들이 어떻게 일하는지 살펴본 리서치도 기억에 남네요. 인공지능 비서가 사람처럼 영민하게 일하도록 하기 위해

서였지요. 조사해보니 비서들은 상사의 일정 관리가 특히 중요해서 일반인보다 캘린더 기능을 훨씬 자주 쓰더군요. 그래서 우리 팀은 캘린더를 많이 사용하는 비서들을 조사 대상자로 모집해서 코타나를 직접 이용해보게 했어요. 이 과정을 통해 비서 직군에 종사하는 사람들이 인공지능 비서에 기대하는 것을 구체적으로 알 수 있었습니다.

또한 리서치 과정에서 마이크로소프트의 차별성을 더욱 명확하게 인식할 수 있었습니다. 마이크로소프트는 애플이나 구글같이 개별 사용자를 상대하는 기업이 아니에요. 마이크로소프트의 강점은 업무, 비즈니스, 기업 쪽에 맞춰져 있어요. 따라서 코타나 역시 단순한 개인용 인공지능 비서가 아니라 업무를 효율적으로 도와주는 인공지능 비서가 되어야 한다는 방향성을 정립할 수 있었습니다.

**김**   당시 리서치를 진행하며 고안한 인공지능 비서의 모습을 감안할 때, 현재 인공지능 비서의 수준을 어떻게 보십니까?

**나이두**   사실 아직까지는 인공지능 비서라고 불리는 서비스 대부분이 그저 검색 기능 정도를 제공하는 데 그치고 있어요. 사용자들은 좋아하는 음악을 튼다거나 특정 단어를 찾아보는 용도로만 활용하고 있지요. 사실 이런 정도는 개인이 충분히 할 수 있는 단순한 일이잖아요.

진정으로 비서다운 서비스라면 사용자와 지적 상호작용을 해야 해요. 캘린더에 등록된 일정을 줄줄 읊어주기만 하는 게 아니라 "두 미팅의 시간이 중복되어 있으니 변경해드릴게요" "이 미팅에서 중요하게 다뤄야 할 사항들을 알려드릴게요" "아직 확인하지 않은 이메일이 있는데 오늘 중에 꼭 회신을 보내야 해요"라는 식으로 솔루션을 제안하는 거죠. 즉, 정보의 맥락을 파악해 그에 맞는 지침을 제시하는 역할을 해야 해요. 이게 바로 사용자들이 원하는 인공지능 비서예요.

제 딸이 지금보다 더 어렸을 때, 하루는 제가 딸에게 코타나에게 아무 질문이나 해보라고 권했어요. 딸의 첫 번째 질문은 "코타나, 디즈니 노래 틀어줄래?"였어요. 코타나가 충분히 수행할 수 있는 요구였지요. 두 번째 질문은 "코타나, 최고의 디즈니 공주는 누구야?"였어요. 그런데 코타나는 이 질문을 전혀 알아듣지 못하더군요. 지적 상호작용을 요구하는 질문이라 이해할 수 없었던 거예요. 고작 한다는 말이 "미안합니다. 다시 한번 질문해주세요"였어요. 실망한 딸은 더 이상 코타나에게 질문하지 않았지요.

**김**  AI 스피커가 처음 나온 지 어느덧 10년이 넘었어요. 초기에는 사용자들이 AI 스피커에 질문을 건넨 다음에 뭐라고 말해야 할지 몰라 인터랙션이 이어지지 못했고, 그러다보니 AI 스피커가 사용하기 어렵다고 여겼어요. 지금은 어떻다고 보나요? 관련 기업들이 사용자에게 충분히 만족스러운 경험을 주고 있을까요?

**나이두**  여전히 관련 기업들이 사용자들의 진정한 요구 사항을 이해하지 못하고 있다고 생각합니다. 어떤 기업은 '음성으로 더 빠르게 검색하기'를 자사 AI 스피커의 강점으로 내세우지만, 정작 사용자가 필요로 하는 것은 그게 아니에요. 그 많은 검색 결과 중에 무엇을 선택해야 하는지, 검색 결과를 어떻게 요약해야 하는지 등을 알고 싶어 하지요.

만약 축구를 좋아하는 사용자가 휴가 때 가볼 만한 여행지를 검색한다면, AI 스피커가 여행지 리스트를 쭉 나열하는 게 좋을까요? 아니면 "당신이 여행하는 시기에 AC밀란의 경기가 밀라노에서 열리네요. 티켓을 사지 않을래요?"라고 말해 주는 게 좋을까요? 즉, 사용자의 특성을 파악해서 관련된 제안을 해주는 게 사용자들의 바람이에요.

기업들은 인공지능이 더 많은 정보를 줄 수 있다는 점을 잘못 해석해요. 그저 정보의 양이 많아지면 사용자에게 편리한 줄 알아요. 어차피 인간의 뇌는 그 많은 정보를 처리할 수 없는데 말이에요.

실제로 사용자는 정보 자체가 아니라 그 정보가 주는 영향, 통찰, 깨달음 같은 것들을 제공받기를 원해요. 로우 데이터(Raw Data)를 바라는 게 아니라는 의미예요.

**김**  그럼 가까운 미래에 인공지능 비서가 사용자의 요구를 만족시

°

킬 정도로 발전할 거라고 생각하나요?

**나이두**    쉽지는 않을 것 같아요. 개인정보 유출 같은 사생활 이슈가 있으니까요. 더구나 어떤 기업이 이 분야에서 승자가 되려면 해결해야 할 문제가 많아요. 저는 구글 어시스턴트, 시리, 알렉사를 사용하고 있는데, 이 인공지능 비서들은 미국식 발음이 아니면 인식을 정확히 하지 못해요. 인도계인 저는 사용이 불편해요. 제 휴대폰의 구글 어시스턴트는 몇 년째 제 아내 에린을 남자 이름 애런으로 인식하더군요. 물론 오답을 낼 수도 있지요. 하지만 오답이 반복되지 않도록 스스로를 개선할 능력이 없다는 것은 분명 문제입니다.

오늘날 그 어느 때보다도 많은 사람이 인공지능 비서를 가지고 있지만, 대개는 "음악 틀어줘" "오늘 날씨 어때?" 같은 간단한 질문만 던져요. 그래야 인공지능 비서가 오답을 말하지 않을 테고 사용자 역시 실망하지 않을 테니까요.

**김**    그동안 여러 리서치 프로젝트들을 진행하면서 얻을 결과물 중 특히 기억에 남는 것이 있나요?

**나이두**    사용자들이 실생활에서 필요로 하는 것들을 알고자 조사 대상자들의 가정을 방문하곤 했는데, 자녀가 있는 가정에서 흥미로운 사실을 포착할 수 있었어요. 아이들이 어른들보다 인공지능 비서를 훨씬 더 개방적으로 대한다는 점이었지요. 어른들은 기계를 상대한다고 생각하며 인공지능 비서와 대화하는 반면, 아이들은 친구나 가족을 대하듯 자연스럽게 대화하더군요. 상호작용할 수 있는 제3의 인간으로 인공지능 비서를 인식한 거예요.

한 가정을 방문했을 때, 그 집 엄마가 딸이 마치 하인을 대하듯 구글홈에 명령을 하길래 그러면 안 된다고 타일렀다고 하더군요. 인공지능 비서를 공손하게 대해야 한다고 말이에요. 이상하게 들릴 수도 있겠지만, 이 엄마는 딸이 구글홈을 대하듯 다른 사람에게도 똑같이 할까봐 걱정했어요. 인공지능 비서와의 대화도 일종의 사회적 상호작용이라고 본 셈이에요.

어떤 명령을 내리든 응답할 것이라는 기대를 아이에게 준 것이 문제예요. 우리가 만든 인공지능 비서가 '자동으로 말하는 기계'라고 인식시킨 거죠. 진정으로 발달한 인공지능은 사람과 상호작용을 해야 하는데, 현재는 수동적인 시스템이에요.

인공지능에서 필요한 것은 신뢰예요. 사용자와 인공지능 사이의 관계에 신뢰가 형성되어야 합니다. 현재 애플, 구글 같은 빅테크의 행보를 보면 사용자와 인공지능 사이에 신뢰를 쌓을 수 있도록 유도하는 것이 아니라, 사용자에게 "시스템은 실수를 하지 않으니까 그냥 믿고 사용해라" 하는 식이에요. 사용자를 과소평가하는 것이지요.

# "인공지능이 우리 삶에서
얼마나 가치 있느냐가 중요해요"

## 쉐인 란드리(Shane Landry)

전) 마이크로소프트 인공지능 어시스턴트팀 수석 디자인 리드
현) 구글 어시스턴트팀 UX 디자인 총괄

●

인공지능의 진정한 가치는 어디에 있을까? 마이크로소프트의
인공지능 어시스턴트팀에서 수석 디자인 리드를 지내고 현재
구글 어시스턴트팀의 UX 디자인을 총괄하고 있는 쉐인 란드리
를 만났다.

"인공지능이 얼마나 뛰어난가보다 우리 삶에서 얼마나 가치 있
느냐가 중요합니다."

그는 기술의 성능보다 사용자의 목적에 주목해야 한다고 강조
한다. 특히 글을 읽지 못하는 아이부터 디지털 문명이 낯선 노인
까지, 기술과 사람 사이의 장벽을 허무는 것이 인공지능의 핵심
가치라고 말한다. 마이크로소프트와 구글을 거치며 AI의 발전
을 이끌어 온 그의 통찰은 우리가 추구해야 할 인공지능의 방향

성을 분명하게 보여준다.

**김재엽**(이하 김)

처음 마이크로소프트의 인공지능 비서를 기획했을 때부터 현재 구글 어시스턴트를 디자인하기까지 어떠한 경험들이 인상적이었나요?

**쉐인 란드리**(이하 란드리)

마이크로소프트에서 처음 인공지능 제품을 만들기 시작했을 때, 인공지능은 아주 작은 일들만 할 수 있었어요. 그렇다 보니 우리 팀은 그 작은 일들을 잘해내는 것에 집중해야 했지요. 예를 들어 인공지능 비서는 사용자가 잘못 발음한 질문이나 미리 학습되지 않은 질문을 받으면 충분한 답을 주지 못했어요. 우리는 사용자에게 더 구체적으로 질문하라는 가이드를 제시했어요. "점심시간에 알람 울려 줘"가 아니라 "열 두시에 알람 울려 줘"라는 식으로요. 정확성을 높이기 위한 방법이었지요.

하지만 인공지능 기술이 발전하면서, 가능한 작업과 콘텐츠의 범위가 점점 넓어졌어요. 덕분에 우리는 어떻게 사용자가 원하는 것을 파악하고 어떻게 도와줄 수 있는지 더 깊이 고민할 수 있게 되었어요. 제한적이던 질문은 더 개방적으로 바뀌었고, 시간이 갈수록 사용성이 높아졌지요.

이제 인공지능 비서는 글을 아직 읽지 못하는 아이, 마우스나 키보드를 사용하기 힘든 사람, 신기술에 익숙하지 않은 노인 등 많은 사람에게 놀랍고 유용한 존재가 될 수 있어요. 말 한 마디면, 하고 싶은 것을 바로 실현시켜주지요. 무언가를 하려는데 기술 때문에 힘들다고 여기게 되는, 그런 종류의 장벽이 인공지능을 통해 무너지는 것이 제 바람이에요. 마이크로소프트에서도 구글에서도 사용자에게 이런 경험을 주기 위해 노력하고 있어요.

제가 하고 있는 많은 작업은 새로운 인공지능 서비스가 우리 삶에 얼마나 유용한가에 초점에 맞춰져 있어요. 인공지능이나 머신러닝 알고리즘의 수준이 얼마나 뛰어난가보다는 그것이 실제 삶에서 얼마나 가치 있느냐가 중요하다는 의미예요. '인공지능 비서가 어떤 능력을 가졌는가'보다 '사용자의 목적이 무엇인가'에 중점을 두어야 한다는 것이지요. 마이크로소프트, 구글, 애플, 아마존, 삼성 등 많은 기업이 오랫동안 기술 자체에 초점을 맞추었지만, 이제는 사용자를 고려하며 인공지능 제품을 만들고 있어요.

요즘 저는 인간의 행동 패턴을 이해하기 위한 연구를 많이 하고 있어요. 사용자로부터 무엇을 파악할 수 있는가, 사용자의 시간을 절약하는 최적의 선택을 하려면 무엇이 필요한가, 이러한 사실들을 어떤 방법으로 파악해야 하는가, 그것이 프라이버시 침해 등 우리에게 해를 끼칠 가능성은 없는가 등을 연구하다보면 흥미로운 결과들을 발견할 수 있습니다.

**김**　그동안 인공지능 분야에 있으면서 사용자의 변화가 느껴진 지점이 있었나요?

**란드리**　사생활 문제에 대한 사용자의 인식입니다. 그 변화를 살펴보면 무척 흥미로워요. 코타나를 처음 선보였을 때 사용자들을 대상으로 리서치를 진행했어요. 통근 데이터에 기반해서 사용자의 집이 정확히 어디인지 알아냈을 때, 그들이 어떻게 느끼는가에 대한 리서치였어요. 코타나가 지도에서 집의 위치를 정확히 표시하자 사용자들은 무척 당황했어요. 불쾌해하기도 했고요. 오히려 옆 블록이 표시된다든지 하는 식으로 약간 부정확한 경우에 코타나가 꽤 정확하다고 만족스러워하더군요. 자신이 대략 어느 동네에 산다는 정도만 파악하는 것을 더 편하게 여겼던 겁니다.

그런데 그것도 잠시였고, 시간이 흐르면서 이제는 인공지능 비서가 자신의 집 위치를 알고 있는 것을 당연하게 여겨요. 조금이라도 다르게 인식하면 인공지능 비서가 똑똑하지 않다고 실망하고요.

**김**　IT 기업들의 인공지능 제품 경쟁이 날로 치열해지고 있습니다. 마이크로소프트가 기업에, 구글이 라이프스타일에 더 중점을 두는 것처럼, 주요 기업들의 강점이나 특징은 무엇이라 생각하나요?

**란드리**    애플은 오늘날 가장 강력한 라이프스타일 하드웨어 브랜드예요. 자사의 모바일, 태블릿, 앱 등에서 나온 데이터를 인공지능 기술에 접목해 사용자의 삶을 더 재미있고 편리하게 만든다는 자신만의 세계를 구축하고 있지요. 그래서인지 다른 기업과는 잘 협업하지 않고요. 얼마나 많은 사람이 일찍부터 애플 생태계에 들어가서 떠날 생각을 하지 않는지 생각해보세요. 마이크로소프트나 구글이 두려워할 정도예요.

구글은 강력한 검색 기능이 기반이자 강점이에요. 덕분에 웹에서든 모바일에서든 지도, 이메일, 캘린더 등 수준 높은 디지털 서비스를 제공하고요. 이제는 구글 어시스턴트가 구글의 모든 서비스에서 중심 역할을 하고 있어요.

마이크로소프트는 기업 고객에 집중하고 있고 주로 생산성과 관련된 사용자 경험을 만들고자 노력하고 있어요. 그래서 인공지능 어시스턴트도 마이크로소프트의 기존 제품에 융합되는 방향으로 가고 있어요. 하지만 그 결과 마이크로소프트 사용자들은 오전 아홉 시부터 오후 다섯 시까지만 서비스를 사용하고 나머지 시간에는 구글이나 애플을 써요. 제 생각에 사용자들은 포모 증후군, 그러니까 자신만 소외되는 두려움을 가지고 있기 때문에 자연스레 구글이나 애플로 쏠리는 것 같아요. 마이크로소프트가 해결해야 하는 문제이기도 하지요.

**김**     데이터를 보면 세계적으로 인공지능 비서는 점점 발전하고 있
        는데, 한국 사용자들은 그에 대한 체감이 덜한 것 같아요. 마
        이크로소프트 등 몇몇 기업은 아직 한국어 지원에 소홀하기도
        하고요. 하지만 인공지능 비서 사용자들은 점점 더 늘어날 것
        이고 5~10년 후면 더 많은 사람이 다양한 방식으로 인공지능
        비서를 사용하게 되겠지요. 미래에 인공지능 비서는 어떤 모
        습이 될 것이라 예상하나요?

**란드리**   우선 한국어 미지원에 대해서는 한국 사용자들께 죄송하다고
        말하고 싶어요. 기업으로서는 지역에 맞추어 적절한 사용자
        경험을 제공해야 하는데, 여기에는 세 가지 조건이 필요해요.
        첫째, 데이터 확보예요. 더 많은 데이터가 있어야 인공지능을
        잘 학습시킬 수 있으니까요. 둘째, 지역의 특색에 대한 이해
        예요. 예를 들어 굉장히 한국적이라 할 만한 요소들을 파악하
        는 것이지요. 코타나의 경우, 전 세계 열세 군데 지역에 집중
        해서 그 지역들에 대해서는 깊이 파악했지만 그 외의 지역들
        에 대해서는 제대로 이해하지 못했어요.

        마지막으로, 투자예요. 어떤 지역에서 많은 사람이 사용할수
        록 인공지능이 그 지역에 대해 더 잘 알게 되겠지요. 이러한
        조건이 갖춰지면 5~10년 후에는 더욱 지역 맞춤형이자 개인
        맞춤형인 인공지능이 될 거예요.

## "인공지능이 보이는 의외성이
새로운 예술의 기회일 수도 있지요"

### 그레그 위고닉(Gregg Wygonik)

전) 마이크로소프트 인공지능 어시스턴트팀 선행 디자인팀 팀장
전) 마이크로소프트 혼합현실 선행 디자인 리드
현) 메타 리얼리티 랩스 프러덕 디자인 리드

•

기술의 한계는 때로 예술적 혁신이 된다. 메타 리얼리티 랩스 프러덕 디자인 리드인 그레그 위고닉은 인공지능의 실수에서 창의적 가능성을 발견했다. 그가 만든 '두 줄기를 가진 단풍잎'은 자연에서는 존재할 수 없는 모습이지만, 바로 그 특이점이 유례없는 예술적 가치를 만들어낸다.

"완벽한 복제가 아닌, 의외성에서 새로운 가능성을 찾습니다."

기존의 틀을 벗어나 인공지능의 새로운 가능성을 탐색해온 그는 인공지능이 컴퓨터나 모바일을 넘어 우리 일상 곳곳으로 확장되어야 한다고 말한다. 배낭이나 탁상 램프까지, 인공지능이 스며들 수 있는 모든 가능성을 실험했던 그의 도전은 기술과 예술의 경계에서 새로운 지평을 열어가고 있다.

**김재엽(이하 김)**

마이크로소프트의 인공지능 선행 디자인팀은 어떤 일을 하는 곳인가요?

**그레그 위고닉(이하 위고닉)**

제가 막 합류했을 때 마이크로소프트는 인공지능 비서 외에도 인공지능을 활용한 여러 제품을 구상하고 있었어요. 재미난 아이디어가 참 많았지요. 하지만 당장은 인공지능 비서 서비스를 출시하는 것에 집중해야 하니 새로운 시도를 할 수 없었어요. 저는 비록 실패하더라도 새로운 시도를 하는 것이 우리가 진짜 해야 할 일이라고 주장했고, 선행 디자인팀에서 인공지능이 사용자를 위해 할 수 있는 일이 무엇이 있는지 탐색했어요. 그러다보니 새로운 시도에 긍정적인 개발자들을 파트너로 만나 여러 시도를 해볼 수 있었지요.

저는 인공지능이 컴퓨터나 모바일 기기 외에 다른 곳에 있으면 어떨까 하는 질문을 계속 던졌어요. 출퇴근을 하거나 회사에 있지 않을 때도 인공지능 비서를 필요로 하는 상황이 생길 수 있잖아요. 그래서 팀원인 브라이언이 인공지능 배낭이라는 아이디어를 냈을 때 무척 흥미로웠어요. 인공지능 비서를 컴퓨터 밖으로 꺼내서 컴퓨터를 사용하지 않는 사람들에게 가져다주는 아이디어니까요. 우리 팀은 인공지능 비서를 탁상 램프나 가구에 넣는 아이디어도 잇따라 내놓았지요.

제가 우리 팀에게 바란 것은 기존의 업무 방식에 갇혀 수동적으로 일하는 것이 아니라, 보다 수용적이고 개방적으로 일하는 것이었어요. 그래야 새로운 기술을 위한 새로운 용도를 찾을 수 있거든요. 새로운 기술이 당장은 호기심을 끌 수 있겠지만 그것 자체가 반드시 사용자에게 유용한 경험을 주는 것은 아니니까요.

그 당시 우리 팀의 아이디어를 회사 윗선에 보고할 때면 좋은 반응이나 의견을 자주 들을 수 있었어요. 하지만 그게 꼭 제품 출시로 연결된다는 의미는 아니었어요. 실제 제품이 되려면 더 많은 검증을 거쳐야 했지요.

**김**   쉽게 상상할 수 없는 제품의 아이디어를 진행한 것은 제게도 굉장히 좋은 기억이에요. 우리가 예전에 디자인한 대로 부엌에 인공지능 비서를 빌트인으로 넣어서 레시피를 영상으로 알려주는 것도 곧 현실이 될 것 같아요. 한국에서는 인공지능 기업이 아파트 건축 기업과 협업을 진행하기도 해요.

인공지능 비서가 기대에 못 미친다고 불평하는 사람도 많지만, 반대로 잘 활용하는 사람도 많아요. 음성으로 네비게이션을 이용하는 택시 기사처럼요. 인공지능 비서의 활용에 대해 어떻게 생각하나요?

**위고닉**   제가 사는 지역은 해마다 폭우로 도로가 침수되어 출근하지 못하는 날들이 있어요. 그런 시기마다 지역 온라인 커뮤니티에는 "오늘 도로가 폐쇄되었나요?"라는 질문이 올라오곤 해요. 이때야말로 인공지능 비서가 큰 역할을 할 수 있을 거예요. 비가 올 거라는 일기예보, 강물의 수위, 도로 폐쇄의 기준 등을 취합해서 인공지능 비서가 그날 도로 상태가 어떨지 알려주는 공공 서비스가 있으면 좋지 않겠어요? 충분히 가능한 일이에요. 이런 것이야말로 실생활에서 사람들이 필요로 하는 가치 있는 서비스라고 생각해요.

현재 기업들이 만들고 있는 인공지능 제품들은 각 사용자의 데이터를 바탕으로 개인화된 정보를 추천하는 데 초점이 맞춰져 있어요. 언뜻 사용자 입장에서는 편리하기만 한 것 같지만, 자칫 정보가 편향되는 문제가 일어날 수도 있어요. 이런 윤리 문제에 대해 우리 같은 인공지능 디자이너는 고민하고 논의해봐야 해요. 나 자신도 그러려고 하고요. 사람들의 삶을 더 좋게 만들려고 노력하다가 잠재적인 문제들을 미처 보지 못하는 바람에 곤란해지는 경우를 피해야겠지요.

**김**  윤리 문제에 대한 의견을 묻고 싶어요. 한국의 어느 방송사에서는 가족의 죽음으로 슬퍼하는 사람에게 그 가족을 가상현실에서 구현해주는 프로그램을 제작했어요. 인공지능으로 죽은 사람을 잠시 되살려낸 것 같은 경험을 제공하는 것이었지요. 물론 감동적인 장면일 수 있지만, 저는 죽은 사람의 동의 없이

그렇게 하는 것이 윤리적으로 논란이 될 수도 있다는 생각이
들었어요.

그런데 한편으로는, 만약 마이클 잭슨 같은 사람이라면 괜찮
지 않을까 하는 생각도 들더군요. 마이클 잭슨은 대중적인 팝
스타이자 세계적인 우상이니까요. 수업 시간에 학생들과 이
에 대한 이야기를 나눠봤어요. 사진으로 고인을 추억하는 것
과 마찬가지라는 학생들도 있었고, 일관성을 지키려면 마이
클 잭슨의 경우도 하지 말아야 한다는 학생들도 있었지요.

**위고닉**    최근에 나도 그런 문제에 대해 생각해본 적이 있어요. 사진이
처음 등장했을 때와 비교할 수 있을 것 같아요. 카메라가 등장
했을 때만 해도 사진이란 것이 영혼을 사로잡는다며 두려움을
느끼는 사람도 많았어요. 하지만 사진은 추억을 남기는 가장
좋은 방법이 되었지요.

카메라가 달린 스마트 글라스는 또 어떤가요. 스마트 글라스
가 나왔을 때 사람들은 모르는 이에게 무작위로 사진이 찍힐
수 있다는 사실에 반감을 가졌어요. 그런데 생각해보면, 이미
우리는 항상 카메라에 둘러싸여 있거든요. 어디든 CCTV가
달려 있잖아요. 마이크로소프트 안에도 엘리베이터며 복도며
로비에 모두 CCTV가 설치되어 있어요. CCTV처럼 스마트 글
라스도 결국 익숙해지겠지요. 최근에는 스마트 글라스가 MZ
세대를 위한 힙하고 멋진 제품이라고 받아들여지는 것 같아

요. 또 다른 기술이 등장해 새로운 가능성을 열어주고 있는 현실에서 비슷한 두려움이 존재할 수 있을 것 같아요.

추모의 한 종류로 여기면 어떨까요? 장례식장에 가면 고인의 사진이 놓여 있잖아요. 요즘은 고인의 메시지나 영상, 사진 등을 볼 수 있는 QR코드를 마련해두는 장례식장도 있더군요. 지금으로부터 10~15년 후에는 VR헤드셋을 쓰고 부모님이나 반려견의 생전 모습을 보는 것이 가능해지겠지요. 제가 인사를 건네면 부모님이나 반려견이 반응을 보이기도 하고요. 그러면 그들이 곁에 없다는 것을 알면서도 위로를 받을 수 있을 거예요.

마이클 잭슨 같은 경우라면, 워낙 많은 데이터가 남아 있으니 그의 아바타를 만드는 것은 그리 어렵지 않겠네요. 그런데 단순히 마이클 잭슨의 춤을 재현하는 것이 아니라, 마이클 잭슨이 사용자와 대화를 나누게 한다면? 이때 생전에 마이클 잭슨이 하지 않았던 말을 한다면? 마이클 잭슨의 유족 입장에서는 언짢을 거예요. 그건 선을 넘은 거라고 할 수 있겠지요.

일반인의 경우에도 마찬가지예요. 일반인은 마이클 잭슨만큼 데이터가 많지 않을 텐데, 가상현실에서 재현된 가족이 하는 말이 실제로 할 법한 말일까? 타인이 임의로 짠 알고리즘대로 하는 말에 불과하지 않을까? 혹시 절대 하지 않았을 말을 하는 것은 아닐까? 이런 지점이 윤리적으로 논쟁거리가 될 수 있을 거예요.

**김**　인공지능을 이용해 디자인한 결과물을 소개해줄 수 있나요?

**위고닉**　단풍잎 이미지를 소개하고 싶네요. 언뜻 보기에는 진짜 단풍잎 사진 같지만, 자세히 보면 줄기가 두 개예요. 자연에서는 절대 존재할 수 없는 단풍이지요. 인공지능에게 단풍잎의 모양을 학습시킨 후에 직접 단풍잎을 그리게 했어요. 나는 일부러 인공지능에 충분한 데이터를 주지 않았어요. 실제로 데이터가 많지 않기도 했고요. 자연과 똑같은 복제품을 만들려던 게 아니거든요. 제 목적은 인공지능의 새로운 잠재력 그리고 인공지능을 접목한 예술의 새로운 잠재력을 테스트하는 것이었어요. 이 결과물은 인공지능의 실수나 에러라고 볼 수도 있는데, 오히려 그래서 더 흥미로워요. 인공지능이 보이는 이런 의외성이 새로운 예술의 기회가 될 수도 있지요.

**김**　만약 인공지능이 더 발전한다면 자유의지를 가지고 무언가를 창작하는 것도 가능할까요?

**위고닉**　쉽지 않은 질문인데, 개인적으로는 인간이 창조하는 어떤 인공지능도 자기 뜻대로 행동하지 않을 거라고 생각해요. 인공지능의 알고리즘은 결국 인간이 만드니까요. 자유의지를 가지고 무언가를 만들라는 알고리즘을 만들 수도 있겠지만, 실제로는 아주 제한적일 것이 분명해요.

자유의지란 것은 순수하게 자기 뜻에 따라 이걸 했다가 저걸

했다가, 또 중간에 그만두기도 하는 거예요. 인공지능이 이 지점까지 도달하려면 아직 멀었다고 봐요. 5천 년 후에나 가능하려나요? 설령 누군가 엄청나게 집중해서 연구한다 해도 정말 많은 시간이 걸릴 거예요.

**김**　어쩌면 자유의지가 있는 인공지능은 영화의 단골 소재인 타임머신 같은 것인지도 모르겠어요. 현실적으로 타임머신이 가까운 미래에 등장할 리 없잖아요.

**위고닉**　미디어에서 접하는 단편적인 모습만 보니 인공지능이 금방 자유의지를 가질 것처럼 생각하는 것 같아요. 실제로 인공지능이 창작했다는 그림이나 소설이 등장하기도 했고요. 그건 대단한 일이에요. 그러니 그 작품들이 높은 가격에 팔렸겠지요. 하지만 냉정하게 보면, 인공지능은 이미 존재하는 작품들만 가지고 학습을 해서 그걸 바탕으로 결과물을 내는 것밖에 할 줄 몰라요. 제가 만든 인공지능이 오직 단풍잎만 학습했기 때문에 단풍잎만 만들 줄 아는 것처럼 말이에요. 진정으로 자유의지를 가진 인공지능이 만들어지기까지는 굉장히 많은 시간이 걸릴 거라고 확신해요. 그 가능성을 걱정하는 것은 현재 인공지능 업계의 현실과 너무 동떨어진 일이에요.

## "보이스 디자이너는 기술과 인간이 서로 소통할 수 있게 만들어요"

**어거스트 니하우스(August Niehaus)**

현) 마이크로소프트 코파일럿 UX 프로듀서

언어는 복잡하고, 미묘하며, 때로는 규칙을 벗어난다. 반면 기술은 정확한 규칙만을 따른다. 이 간극을 메우는 것이 보이스 디자이너의 역할이다. 마이크로소프트 코파일럿 UX 프로듀서인 어거스트 니하우스를 만나 인간과 기술 사이의 소통을 디자인하는 이야기를 들었다.

"우리는 사용자가 직접 말하지 않은 것까지 이해해야 합니다."

시각적 요소 없이 오직 언어만으로 소통하는 인터페이스를 디자인하는 그는 GPT-4처럼 강력한 언어 모델이 등장한 지금도 여전히 보이스 디자이너의 역할이 중요하다고 강조한다. 기술이 발전할수록 오히려 사용자 경험을 다루는 디자이너의 필요성은 더욱 커질 것이라는 그의 통찰은 AI 시대 디자인의 새로운 방향을 제시한다.

**김재엽(이하 김)**

당신은 보이스 디자이너로서 오래 일해왔지요. 보이스 디자
이너가 하는 일이 무엇인지 당신의 경험을 바탕으로 설명해
주세요.

**어거스트 니하우스(이하 니하우스)**

보이스 디자이너의 가장 큰 임무는 인간과 기술이 서로 소통
할 수 있도록 하는 겁니다. 인간이 구사하는 언어는 매우 복잡
하고, 미묘하고, 규칙을 따르지 않지요. 반대로 기술이 구사
하는 언어는 언제나 정확한 규칙을 따르고요. 물론 그 규칙은
언어학자들의 연구에 기반을 두고 있어요. 그래서 인간이 무
엇을 말하는지, 그 말의 조건은 무엇인지, 대답은 몇 가지 방
식이 있는지 파악해내지요.

하지만 한계가 있어요. 기술의 규칙은 인간의 경험만큼 다양
하지 않으니까요. 보이스 디자이너로서 제가 하는 역할은 일
상어의 패턴들을 더 세심하게 감지하고, 명시적으로 말하지
않거나 생략하는 부분까지도 이해하는 것이지요. 그렇게 해
서 인공지능이 말하는 문구를 만들어내요.

인공지능이 사용자의 말을 이해하지 못하면 그 상황을 어떻게
사용자에게 전달하고 사용자로부터 어떤 말을 유도할 것인가

도 고민해요. 제 업무의 많은 부분은 현재의 기술이 가진 제약과 사용자가 하고자 하는 것의 간극을 좁히는 거예요. 궁극적으로, 보이스 디자이너는 인터랙션 디자인에 속하는 직업이에요. 디자이너이면서도 시각적인 부분은 다루지 않으니 흥미로운 직업이지요.

캘린더 앱에서 미팅을 추가하는 것을 예로 들어볼게요. 사용자가 화면상에서 미팅을 추가한다면 먼저 제목과 시간 다음으로 미팅 참석자나 장소 등을 순서대로 입력하겠지요. 하지만 사용자가 음성으로 미팅을 추가할 때는 이 순서가 꼭 일정하지 않아요. 어떤 사람은 "인공지능 미팅을 오후 한 시에 김 박사와 할 거야"라고 말할 수도 있고, 또 어떤 사람은 "김 박사와 오후 한 시에 인공지능 미팅을 할 거야"라고 말할 수도 있어요.

그래서 보이스 디자이너는 많은 단계에서 사용자의 상황에 따라 어떻게 반응하는 것이 가장 적절한지 생각해야 해요. 사용자에게 필요한 정보를 제공하면서도 과부하를 일으키지 않도록 해야 하고요. 특히나 사용자가 너무 바빠 부주의하게 말을 건넬 때는 말이에요. 너무 많은 단어를 쓰면 사용자가 이해하려 들지 않을 테니, 짧고 명확하게 전달할 수 있어야 해요.

**김**     예전에 우리가 같은 팀일 때도 이야기했던 것인데, 인공지능 비서가 사용자에게 말할 때 어느 만큼 인간스러워야 한다고 생각하나요? '불쾌한 골짜기'에 근접하는 수준으로 발전할 수 있다고 보나요?

**니하우스** 인간의 행동을 너무 잘 모방한다면 분명 위험이 따를 거예요. 저는 현재의 인공지능 수준이 거기까지 도달하지는 않았다고 생각해요. 인간의 어법과 문법을 규칙화하는 게 그렇게 쉽지 않으니까요. 인간이 말할 때는 표정으로 전하는 뉘앙스도 있기 마련인데 인공지능은 이를 제대로 이해하지 못해요.

최근에 유럽 연합에서는 인공지능이 인간이 아니라는 사실을 알리지 않은 채 누군가와 대화하는 것을 금지하는 법안이 나왔어요. 윤리나 철학적 관점에서 인공지능에 대해 고민을 많이 한 것 같아요. 좋은 방향이라고 봅니다. 하지만 아직 인공지능이 그 수준까지 도달하지 않은 현실을 감안하면 다소 선제적인 노력인 것 같아요.

오히려 그 반대 상황이 문제가 될 가능성이 더 커요. 예를 들어 사람이 인공지능을 가장해 정보를 빼돌리는 경우가 있어요. 사용자는 챗봇 서비스를 이용하는 줄 알고 자기 정보를 내주는데 사실상 이 정보를 보는 것은 사람인 것이지요.

**김** 어느 인공지능 기업에 투자하고 있는 벤처캐피탈 대표와 대화를 나눈 적이 있어요. 그분은 GPT-4처럼 언어에 특화된 초거대 인공지능이 나왔으니 이제 보이스 디자인을 따로 할 필요가 없다고 말하더군요.

물론 대규모 언어 모델이 복잡한 문장을 수려하게 구사할 수는 있겠지만, 그래도 인공지능의 페르소나를 정의하는 부분은 보이스 디자이너가 해야 할 부분이 아닐까요? 저는 오히려 디자이너의 역할이 확장될 것 같아요. 당신의 의견은 어떤가요?

**니하우스** 같은 생각이에요. 초기에 스마트폰 분야의 디자이너들은 기본적인 구성 요소들에 중점을 두었을 거예요. 사람들이 어디든 가지고 다니려면 어떤 기능이 필요할까 하는 고민했겠지요. 하지만 지금의 디자이너들은 앱에 중점을 두고 있어요. 물리적인 형태만 고려하던 것과는 전혀 다른 차원이지요. 이와 비슷한 상황이 보이스 디자인에서도 일어나고 있어요. 저는 지금 일어나고 있는 일이 기본적인 구성 요소를 다지는 것이라고 생각해요.

물론 GPT-4를 활용할 수 있어요. GPT-4로 기본 모델을 만들고 그 위에 캐릭터를 입히는 거예요. 한 예로 꼬장꼬장하지만 손주들과 반려견과 가드닝만큼은 넘치게 사랑하는 할머니 캐릭터를 넣는 식이에요. 이런 캐릭터를 가진 인공지능은 평범한 할머니 캐릭터와는 다른 식으로 말할 거예요.

기술은 계속 진화할 테고 새로운 기술이 요구하는 디자인의 수준을 충족시킬 수 있는 디자이너에 대한 수요는 계속 있을 거라고 봐요. 아마도 물리적인 요소를 다루는 디자이너는 줄어들고 사용자의 경험을 다루는 디자이너가 더욱 필요하겠지요.

**김** 한국에서는 어느 기업이 선천적으로 청각 장애가 있는 엄마
에게 인공지능을 이용해 목소리를 구현해주고, 그 과정을 광
고로 방영한 적이 있어요. 물론 그 목소리는 정확히 그 엄마의
것이라기보다는 엄마의 신체적 특성과 다른 가족의 목소리를
바탕으로 추정한 것이었지요. 보이스 디자이너로서 이러한
시도는 어떻게 생각하나요?

**니하우스** 그와 비슷한 기사를 접한 기억이 나네요. 아버지가 사망하자
아들이 아버지가 남긴 편지들을 모아 아버지를 모델로 한 챗
봇을 만들었다고 해요. 그런데 정작 그 아들은 챗봇이 아버지
의 말투를 따라 하는 사기꾼처럼 느껴졌다는 거예요. 그런 챗
봇을 만든 동기 자체는 우리 모두에게 있어요. 슬픔과 상실감
에 대처하고 그 부재를 채우려는 욕구지요. 하지만 현재의 기
술로는 현실감이 느껴지지 않을 수밖에 없어요. 목소리의 경
우에는 더 그렇고요.

개인적으로는 사람들이 좀 더 편하게 받아들였으면 좋겠다고
생각해요. 이질적이긴 하지만 스스로 선택해서 자기 몸의 일
부로 받아들이는 기계 팔처럼 말이에요.

물론 그런 챗봇이 원래 목소리의 주인공이라면 하지 않았을
말을 한다면, 그건 윤리적으로 생각해볼 문제예요. 그건 한
사람이 남긴 인생을 범위를 넘어서는 것이기도 하고, 그 사람
의 이미지를 인위적으로 재구성하는 것이기도 하잖아요. 이

런 경우가 현실에서 자주 일어난다면 소송이 벌어지고 새로운 법적 판례가 나올 수도 있겠지요.

**김**  당신은 10년 가까이 마이크로소프트에서 정말 많은 보이스 디자인을 했는데, 그중 가장 기억에 남는 결과물이나 프로젝트는 무엇이었나요?

**니하우스**  모바일용 아웃룩에 내장된 인공지능 비서를 꼽고 싶어요. 작업을 하는 과정에서 여러 아이디어를 한데 엮어냈지요. 그때 진행한 작업은 이런 것들이었어요. 메일 중에서 중요한 것을 읽어주고 사용자가 처리해야 하는 사항은 앞으로 옮겨서 바로 알 수 있게 했어요. 상황에 따라 더 많은 작업을 수행할 수 있는 기능도 추가했고요.

예를 들어 메일에 "이 메일을 읽자마자 내게 전화 해주세요"라고 적혀 있으면 사용자가 전화를 걸 수 있게 했어요. 또 기본적으로 사용자가 화면을 보지 않고도 필요한 작업을 음성으로 처리할 수 있게 했어요. 사람들이 휴대폰을 보지 않거나 만질 수 없을 때도 업무의 흐름을 유지할 수 있게 해준 것이지요. 이런 작업들을 하면서 제가 이 일을 정말 사랑한다는 사실을 새삼 확인했답니다.

─────── 이미지 출처

**15** 블러블러, **19** 박제민·유현아, **20~21** 박제민·유현아, **32** 김재엽, **34~35** 비즈한국, **38** 김재엽, **40~41** 컴파운드 컬렉티브, **50** 필립 스탁, **52** 필립 스탁, **68** 마커스 카이저, **69** 안톤 알바레스, **78** 네이버, **87** 마이크로소프트, **103** 이윤직·김보미 **105** 황채미·조선영·윤지원 **107** 이재현·고정인·최현아 **117** 수사나 소아레스, **119** 오론 캣츠·이오낫 주르, **120** 노암 토란, **126** 김재엽, **164** 정진영·이종현·양준홍, **176** 아나시우스 키르허, **193** 김재엽, **217** 김재엽

※ 일부 저작권 확인이 되지 못한 이미지에 대해서는 저작권을 확인하는 대로 통상의 비용을 지불하도록 하겠습니다.

─────── 이 책에 도움주신 분들

변사범, 신명섭, 이승민, 송민지, 최소현, 김용범, 전이안, 이지은, 시바 나이두, 쉐인 란드리, 그레그 위고닉, 어거스트 니하우스, 박제민, 유현아, 김보미, 이윤직, 황채미, 조선영, 윤지원, 이재현, 고정인, 최현아, 정진영, 이종현, 양준홍

# 패스트 무버

AI 시대, 150% 성과를 만드는 사람들의 비밀

**초판 1쇄**　2025년 1월 31일

**지은이**　김재엽

**발행인**　문태진
**본부장**　서금선
**책임편집**　송현경　　　**편집 1팀** 한성수 이예림

**기획편집팀** 임은선 임선아 허문선 최지인 이준환 송은하 김광연 이은지 김수현 원지연
**마케팅팀**　김동준 이재성 박병국 문무현 김유희 김은지 이지현 조용환 전지혜 천윤정
**저작권팀**　정선주
**디자인팀**　김현철 손성규
**경영지원팀** 노강희 윤현성 정현준 조샘 이지연 조희연 김기현
**강연팀**　장진항 조은빛 신유리 김수연 송해인

**펴낸곳**　㈜인플루엔셜
**출판신고**　2012년 5월 18일 제300-2012-1043호
**주소**　(06619) 서울특별시 서초구 서초대로 398 BnK디지털타워 11층
**전화**　02)720-1034(기획편집)　02)720-1024(마케팅)　02)720-1042(강연섭외)
**팩스**　02)720-1043
**전자우편**　books@influential.co.kr
**홈페이지**　www.influential.co.kr

ⓒ 김재엽, 2025

ISBN　979-11-6834-257-6 (03190)

- ㈜인플루엔셜은 세상에 영향력 있는 지혜를 전달하고자 합니다. 참신한 아이디어와 원고가 있으신 분은 연락처와 함께 letter@influential.co.kr로 보내주세요. 지혜를 더하는 일에 함께하겠습니다.